KB138380

2억 빚을 갚은 내게 우주님이 가르쳐준 기적을 일으키는 말버릇

SHAKKIN 2000MAN-EN WO KAKAETA BOKU NI
DO-S NO UCHU-SAN GA MIMIUCHISHITE KURETA
KISEKI WO OKOSHIMAKURU KUCHIGUSE

by Hiroshi Koike

Copyright © Hiroshi Koike, 2022
All rights reserved.

Original Japanese edition published by Sunmark Publishing, Inc., Japan
Korean translation copyright © 2023 by Thoughts of a Tree Publishing Co.
This edition is published by arrangement with Sunmark Publishing, Inc.
through BC Agency, Seoul

2억 빚을 갚은 내게
*우주님이 가르쳐준
기적을 일으키는
말버릇

고이케 히로시 지음 | 이정환 옮김

나무생각

우주님 가라사대

"기적을 믿어라.
그리고 진심으로 바라는
것만을 말하라."

프롤로그 ____

"랄랄랄 랄랄랄 랄랄랄 랄랄랄 랄랄랄 랄랄랄 ♪"

기다리고 기다리던 그 시간이 왔다.
히로시의 샤워 타임!
응? 아무도 안 기다렸다고?
나만 기다린 거야?

그렇다. 2억 원의 빚을 끌어안고 허덕이던 나 고이케 히로시가
우주님을 만난 것이 벌써 9년 전의 일이다. 어느 날 샤워를
하다가 폭포 같은 눈물을 흘리고 있는데,
샤워 헤드에서 불쑥 나타난 모히칸 헤어스타일의 우주님!
우주님의 쥘부채에 수없이 얻어맞으면서 말버릇을 바꾸고
행동을 바꾼 덕분에 달라진 나의 인생 역전 이야기.

그 결과 모든 빚을 완전히 변제하게 되었다.

어제 나는 가족과 함께 은행에 직접 가서 그야말로 '마지막'
남은 빚 1,941,300원(21만 3389엔)을 갚은 뒤에 주먹을 불끈
쥐고 승리의 포즈를 취했다.

"흐음, 어젯밤 우주님과의 발포주 건배는 정말 감동적이었어."
샤워 헤드에서 기세 좋게 뿜어져 나오는 물줄기를 머리부터
뒤집어쓰면서 우주님이 처음 나타났던 날을 떠올려 보았다.
"그래. 이제 나는 우주님의 쥘부채에 얻어맞지 않아도 돼.
왠지 섭섭한 느낌이 들기는 하지만 얻어맞는 건 정말 싫었어.
우주님은 쥘부채 휘두르는 걸 정말 좋아한다니까. 후후후."

왠지 모르게 시원섭섭한 기분을 느낀 나는 샤워 헤드를 마이크
삼아 큰 소리로 노래를 부르기 시작했다. 평소에 좋아하는
체커스의 음악을 한 소절 끝냈을 무렵…

"히로시, 너 여전히 음치구나!"

무슨 소리가….

"기분 좋게 부르면 되지. 듣는 사람도 없는데, 뭐.
응? 그런데 누구지? 누가 있나?"

두리번거리는데, 익숙한 목소리가 또 들렸다.

"히로시, 이 샤워 헤드는 내가 언제든지 이용할 수 있는
문이니까 네 돌머리에 함부로 갖다 대지 마."

"우주님…?"

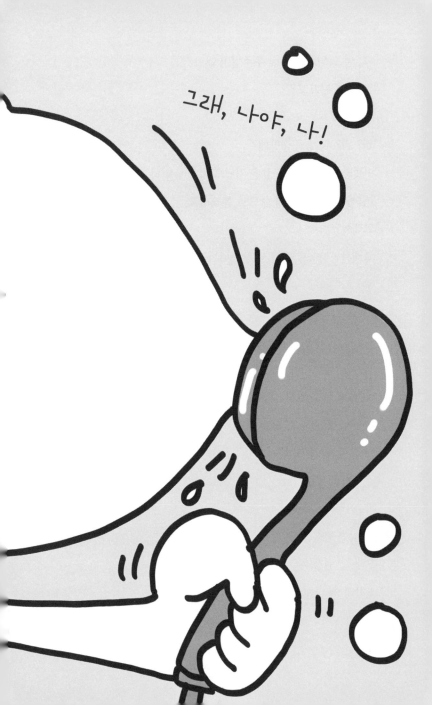

"그, 말도 안 되는…. 우주님이 왜…?"

"말도 안 된다고?"

"그게….."

"왜? 뭐? 뭐가 궁금한데?"

"어젯밤에 빚을 모두 갚은 기념으로 건배를 하고 완전히 떠나지 않았습니까? 이 샤워 헤드를 통해서요."

"그래서?"

"그래서…라뇨? 왜 또 나왔습니까?"

"뭐? 또 나와? 나를 무슨 뱀장어 취급을 하네, 이 건방진 돌머리가! 어제 말했잖아. '또 보자고, 히로시!'라고."

"네? 또 보자는 말이 하루 다음 날인 오늘이라고요?"

"왜? 뭐, 불만이라도 있어?"

"아니, 불만은 없지만… 어제 또 보자고 해놓고 오늘 나타나는 건 뭔가…."

"너 설마 빚을 모두 갚았으니까 그것으로 모든 것이 다 끝났다고 생각하는 건 아니겠지?"

"네? 어떻게 그런 생각…을 하고 있었습니다. 네. 그렇게 생각하긴 했습니다만…."

"그래. 그랬을 거야!"

"그런데 왜 다시 오셨습니까?"

"뭐? 왜 왔냐고? 당연하잖아. 빚을 모두 갚은 네게 우주로부터
온 진짜 중요한 메시지를 전하기 위해 왔지."

"진짜 중요한 메시지라고요? 그럼 지금까지 알려준 건 그다지
중요하지 않았다는 건가요?"

"무슨 헛소리야. 네가 지난 9년 동안 배운 건 잘못된 말버릇을
교정하고 꽉 막혀 있던 우주 파이프를 청소하는 일이었어."

"그럼 앞으로는요?"

"빚을 모두 갚았다고 들떠 있는 네가 꼭 명심해야 할
법칙이 있지. 할아버지가 되었을 때도 '아, 정말 행복한
인생이었어.'라고 할 만한 인생이어야 하지 않겠어? 이른바
기적을 일으키는 특별한 말버릇을 가르쳐줄 테니 잘 들어."

"네? 아직도 비장의 카드가 남아 있습니까?"

"비장의 카드는 무슨! 이건 인간들이 지구로 오기 전 영혼의
존재였을 때에 우주가 이미 너희에게 가르쳐주었던 거야."

"네? 그렇다면 저도 이미 배운 것이라는 말입니까?"

**"그렇지. 누구나 이미 다 배웠어! 하지만 대부분 잊어버린
채 살고 있지. 이 비법을 기억해 내면 기적 같은 건
일상다반사로 일어나게 되어 있어."**

"그, 그런 비법이 있다고요…?"

"왜? 의심스러워?"

"뭐, 그렇다기보다⋯."

"쉿! 지금부터 알려줄 테니까 귀나 이리 가까이 대."

우주님은 내 귀에 입을 대고 이렇게 말했다.

"일어나기 바라는 것만 말로 표현하는 거야!"

"일어나기 바라는 것만요? 아니, 그건 그렇고, 아무도 없는데 왜 굳이 귀엣말을 하세요?"

"거참, 꽤 성가시게 캐묻네. 그야 이쪽이 극적으로 보이니까 그렇지!"

"아, 네⋯."

"어쨌든 일어나기 바라는 것만 말로 표현하라고! 이것이 자신의 우주를 마음껏 현실화시키는 비법이야. 이걸 할 수 없으면⋯."

"할 수 없으면요?"

"이번에는 빚이 20억이 될 거야!"

"네? 말도 안 돼요! 2억을 갚는 데에도 죽을힘을 다해야 했는데 또 빚을 진다고요? 그것도 20억? 장난해요? 말도 안 됩니다."

"⋯⋯."

"뭡니까? 정말 그렇게 된다는 겁니까?"

"지금의 너는, 그러니까 한마디로⋯ 아, 그렇지, 고등학교를

졸업한 해에 자동차 면허를 취득한 뒤 한껏 들떠서 할부로 스포츠카를 구입하고, 그다음 날 운전 실수로 전신주를 들이받아 폐차시키는, 그런 수준에 해당하는 인간이라고 표현할 수 있어."

"네? 그게 무슨 섭섭한 말입니까?"

"너는 이제 간신히 말버릇의 초급 단계를 수료했다고 볼 수 있지."

"네? 그렇게 열심히 노력했는데 초급이라고요? 저는 중급 정도는 되었다고 생각하는데요."

"훗! 꿈도 야무지다."

"…그래서 이대로 가면 20억을 빚질 수도 있다는…. 그건 정말 싫습니다."

"그렇지? 오랜만에 그 대사를 한번 읊어볼까?"

"그 대사요?"

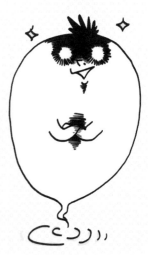

"너의 주문은 이미 전부 이루어졌어!"

"네, 네. 알고 있습니다. 잘 알고 있지요. 하지만 2억이나 되는 빚을 모두 갚고 행복해진 지 얼마 안 됐습니다. 두 번 다시 빚 따위는 지고 싶지 않습니다. 사기를 당하고 싶지도 않고, 식비에 쩔쩔매고 싶지도 않고, 청구서 더미에 묻혀 살고 싶지도 않아요. 빚쟁이들에게 쫓기고 싶지도 않고요."

"그거야, 그거! 그 말투! **일어나기 바라지 않는 것을 말로 표현하면 안 된다고!**"

"네? 무슨 말씀인지…?"

"일어나기 바라지 않는 것을 말로 표현하면 그것 역시 우주로 보내는 주문이 돼."

"일어나기 바라지 않는 것을 말로 표현하면 안 된다고요?"

"특히 너처럼 진흙탕 속에 빠져 있던 인간은 '두 번 다시 그렇게 되고 싶지 않아.', '그건 싫어.'라는 말을 지나치게 많이 중얼거리거든. 그게 문제야. 앞으로 내가 이 쥘부채로 그 잘못된 버릇을 단단히 고쳐주겠어!"

빚을 모두 갚은 다음 날부터 나는 또다시 우주님에게 스파르타식 수업을 받았다. 그리고 우주가 싫어하는 말버릇을 우주가 기뻐하는 말버릇으로 바꾼 지 4년 만에, 블랙리스트에 올라 있던 내가 꿈에 그리던 내 집을 손에 넣게 되었다.

우주님은 역시 위대하다!

그러고 보니 전에
빚을 갚은 뒤에는
두루마리로만
등장한다고…

응?
아, 그건 그거고
이건 이거야.

차례

1부   기적은 항상 가까이 있다

〰〰〰〰〰〰〰〰〰〰〰〰〰〰〰

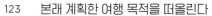

등 장 인 물

고이케 히로시

의류 판매점을 운영하다 악덕 컨설턴트에게 속아
결국 2억의 빚만 지게 되었다. 파산 직전의 답답한
상황에 처해 있다가 우주님을 만났다.
"10년 안에 빚을 다 갚겠다!"라고 우주에 주문을
내고 말버릇과 행동을 완전히 바꾸어 마침내
9년 만에 모든 빚을 변제했다. 빚을 다 갚고 난 뒤
말버릇과 우주의 구조를 더 깊이 경험하면서 삶을
만끽하는 중이다.

우주님

히로시가 2억의 빚을 끌어안고 이러지도
저러지도 못 하는 상태에서 "뭐든 할
테니 제발 도와주십시오."라고 호소하자,
우주로부터 찾아왔다. 스파르타식의 강력한
가르침으로 히로시의 부정적인 말버릇과
행동을 바꾸어 인생을 대역전시킨다.
히로시를 교육할 때 쥘부채를 휘두르곤 한다.

가라스덴구

신사를 거점으로 돌아다니며
우주를 믿는 사람들에게 기적을
가져다주는 수호신이다.

미도리

우주 중매인 네트워크에 소속된 중매인.
결혼을 주문한 사람들에게 나타나
좋은 인연을 맺어준다.

기적은
항상 가까이
있다

1

"그건 싫어!"라는
말버릇은 절대 금지

일어나기 바라는
것만 말한다

우주는 일어나기 바라는 것만 말로 표현하기를 바란다

욕실에서 나온 나는 발포주 캔을 따서 손에 들고 소파에 앉았다. 빚의 구렁텅이에 빠져 헤매고 있을 때 집에 놓여 있던 누더기 같은 소파가 아니라 가족과 함께 편하게 시간을 보낼 수 있는 3인용 소파다.

'그동안 나도 많이 성장했지.'

이렇게 생각하면서 허공에 두둥실 떠 있는 우주님을 바라보며 동의를 구하듯 발포주 캔을 들어 보였다.

"아직 멀었어!"

마치 내 마음을 읽은 것처럼 우주님이 갑자기 쥘부채를 휘둘렀다.

"너는 아직 멀었어. 말하는 방식을 더 수정해야 할 필요가 있다고. 잘 들어. 앞으로는 말버릇을 우주가 기뻐하는 쪽으로 바꿔야 해. 그리고 이게 가장 중요한데, **너에게 일어나기 바라는 것만을 말로 표현해야 해. 일어나기 바라지 않는 것은 절대 말로 표현하면 안 돼.** 우주는 항상 모든 말을 있는 그대로 받아들이거든. 일어나기 바라지 않는 것을 말로 계속 하면 우주는 그걸 일어나기 바라는 것이라고 인식해. 네 의식이 그쪽으로 계속 향해 있으니까 그런 말을 한다고 받아들이는 거지. 그러니까 **'또 그런 일이 벌어지면 정말 싫어.'라는 말을 하면 반드시 또 그런 일이 벌어지는 거야.** 네가 만약 '이제 빚 같은 거 다시는 지고 싶지 않아.'라고 말한다면 너의 미래는 20억의 빚을 짊어진 지옥으로 변할걸."

"네? 20억이요?"

"그러니까 일어나기 바라는 것만 말하라고. 지금 네게 일어나기 바라는 게 뭐야?"

"지금이요? 우주님의 쥘부채에 얻어맞지 않는 거죠."

그 순간, 쥘부채가 또 날아왔다.

"봐! 일어나기 바라지 않는 걸 말하니까 그게 현실이 되잖아!"

"너, 너무 심합니다!"

"응? 심합니다? 그것도 이루어지게 해줄까?"

"아, 아닙니다. 그만하십시오."

"인생이 제대로 풀리지 않는 사람일수록 말을 제대로 사용할 줄 몰라. 예를 들어 회사 구내식당에 들어서면서 첫마디가 뭐야? '오늘은 어떤 음식이 나올지 기대돼. 우리 회사 구내식당 음식은 뭐든지 맛있어.'라고 말하는 것과 '오늘 맛없는 음식이 나오지는 않겠지? 또 이상한 맛이 나거나 덜 익은 음식이 나오면 곤란한데…'라고 말하는 것은 정반대의 주문이지. 양쪽 모두 목적은 맛있는 음식을 먹고 싶다는 것이지만 전자는 먹기 전부터 구내식당의 음식이 맛있다고 말하는 거야. 당연히 맛있는 음식이 나오지. 그런데 후자는 먹기 전부터 맛이 없다고 말하고 있잖아. 그러니까 맛없는 음식이 나오는 거야. 사람은 말을 기본으로 연상을 해. 말을 사용해서 사고를 하고. 내가 말했지? 말은 그 자체가 우주로 보내는 주문이라고. **말이 곧 모든 것을 실현해 준다는 걸 명심해.** 맛있는 음식을 먹고 싶다고 생각하면서 정반대의 말을 하면 그게 주문이 되어 그대로 실현되는 거야."

"아, 그렇군요."

"실험해 볼까? 자, 눈 감아봐!"

"네? 아, 네."

"분홍색 양을 생각하지 마."

"네."

생각하지 않으려고 했지만 벌써 머릿속에는 분홍색 양이 뛰어다녔다.

"어때? 너도 모르게 분홍색 양이 머릿속에 떠올랐지? 사람의 뇌는 부정형을 이해하지 못해. 그래서 생각하지 말라는 말을 들었는데도 자기도 모르게 그걸 떠올리는 거지. 우주도 똑같아. 우주는 부정을 이해하지 못해. 이유는 간단해. 네가 우주고, 우주가 너니까."

일어나기 바라지 않는 건
절대 말하지 말 것

일어나기 바라지 않는 것을 말로 표현하면 반드시 실현된다. 우주는 좋은 것, 나쁜 것, 일어나기 바라는 것, 일어나기 바라지 않는 것을 판별할 수 없다. 다만, 에너지를 '증폭'시키는 장치라고 생각해야 한다. 따라서 "말은 저렇게 하지만 사실은 바라지 않을 거야."라는 식으로 본심을 판별하지 않는다.

말로 표현된 것은 모두 주문이 되어 우주에 전해진다는 것을 명심해야 한다. 여기에서 중요한 한 가지는 **부정형으로 생각한 것도 강렬한 욕구가 되어 우주에 주문으로 전달된다는 사실**이다. '하고 싶지 않다', '하지 않겠다'는 생각은 그 자체가 강한 욕구가 되고, "~하고 싶지 않아.", "~가 되는 건 싫어.", "~하지 않도록 하자."는 일어나지 않기를 바라고 하는 말이지만 결과는 정반대로 나타난다.

나의 생각이나 말이 부정적으로 흐르고 그쪽으로 집중하

면 우주의 에너지와도 연결되니 주의해야 한다.

인간 세계에서도 '초콜릿 실험'이라고 해서 그 사실을 실제로 증명한 과학자가 있다. 단순히 초콜릿을 생각하는 팀과 초콜릿을 절대 먹지 않겠다고 생각하는 팀, 좋아하는 것에 관해서 생각하는 팀으로 나누어 초콜릿을 맛보게 했는데, '초콜릿을 절대 먹지 않겠다'고 생각한 팀이 가장 많이 먹었다는 결과가 나왔다고 한다.

지금까지 불행의 밑바닥을 경험해 온 사람은 일어나지 않기를 바라는 것을 토대로 생각하는 버릇이 배어서 거기에 초점을 맞추기 쉽기 때문에 교정을 해야 한다.

"그건 싫어."

"이건 내키지 않아."

이것들은 모두 우주로 보내는 주문이다. 부디 일어나기 바라는 것만을 말로 표현하자.

우주님과 대화를 나누면서 과거에 어머니가 만들어주었던 도시락이 떠올랐다. 고등학생 시절, 나는 한 가지 고민이 있었다. 어머니가 도시락에 메뚜기조림을 자주 넣어주었기 때문이다.

"뭐야, 너는 반찬으로 메뚜기를 먹어?"

점심때마다 친구들은 깜짝 놀란 표정을 지으며 놀려댔다. 그래서 어머니에게 이렇게 부탁했다.

"어머니, 제발 메뚜기는 도시락에 넣지 마세요. 학교에서 친구들이 놀려대서 정말 창피해요!"

다음 날, 도시락 뚜껑을 열자 하얀 쌀밥 위에 마치 돗자리를 깔듯 가득 뒤덮은 메뚜기조림이 보였다.

"뭐야! 메뚜기는 넣지 말라고 그렇게 말했는데!"

당시 어머니는 내 말을 제대로 알아듣지 못하고 이렇게 오해했던 것이다.

"아까 히로시가 뭔가 말했는데 뭐라고 했지? 메뚜기가 어쩌고저쩌고 하는 이야기였는데…. 아, 메뚜기

많이 컸네!

를 많이 넣어 달라고 말한 것 같아. 그래, 그거야."

일어나기 바라지 않는 것일수록 의식이 그곳으로 집중되기 쉽기 때문에 현실로 실현될 가능성이 높다.

빚더미에 앉아 생활했을 때도 마찬가지다. "빚을 모두 갚지 못하면 어떻게 하지?", "물건이 팔리지 않으면 어떻게 하지?"라는 식으로, 바라지 않는 것들만 말로 표현했다. 그리고 그렇게 입으로 내뱉은 말들은 모두 실현되었다.

완전히 지친 나는 마지막에 이렇게 생각했다.

"어라? 내가 한 말이 이렇게 전부 실현된다면 반대로 말해도 전부 실현되는 게 아닐까?"

그렇다. 그 반대, 즉 긍정적으로 말해보았더니 전부 실현이 되었다.

말은 무서운 것이다! 그리고 정말 대단한 힘을 지니고 있다!

2

불쾌, 불행, 불운을
없애는 "그럴 수도 있지."

현실을 스스로
선택할 수 있다

바라는 현실을 카탈로그에서 직접 고른다

빚더미에 앉아 있던 시절, 나는 아침마다 조깅을 했다. 당시에는 아침에 달리기를 하면 하루를 즐겁고 활기 있게 보낼 수 있다고 스스로 루틴을 정해놓고 있었기 때문에 꾸준히 지속할 수 있었다.

빚을 모두 갚은 이후에도 아침에 혼자 길을 걸으면서 우주님과 대화하는 시간이 내게는 매우 중요한 일과였다.

"제가 지금부터 새로운 꿈과 소원을 이루기 위해 필요한 것들은 뭔가요?"

"오, 네가 쥘부채에 얻어맞기 전에 스스로 질문을 해올 줄이야! 훌륭한 마음가짐이야. 그렇다면 중요한 것들을 가르쳐 줘야지. 자, 들어봐. **지금 네 눈앞에서 발생하는 모든 일은 네 인생의 카탈로그에서 네가 이미 '선택'한 것들이야."**

"인생의 카탈로그에서… 선택한 것들이라고요?"

"네 눈앞에 나타나는 모든 것들, 발생하는 모든 일들은 우주가 보내온 '제안'이지. '이런 것도 있는데 당신 인생에 도입해 보는 건 어떻습니까?' 하고 우주가 카탈로그나 팸플릿을 펼쳐놓고 제안을 한 것들이라고. 예를 들어 음식점에 있을 때, 옆자리의 커플이 싸움을 하고 있다고 치자. 싸움을 하는 커플도 카탈로그 안의 내용 중 하나야. 네가 그것을 '선택'하면 네 신변에 그 일이 발생하고, '아, 이건 필요 없어.'라고 거부하면 네 신변에는 발생하지 않아."

"아, 그렇군요. 쉽게 이해가 되네요."

"네 눈앞에서 달리고 있는 모든 자동차도 네 인생 카탈로그에 있는 것들이지. 그중 어떤 것에 초점을 맞추고 선택을 하면 네 것, 즉 네 인생이 되는 거야. 그러니까 너는 현실에서 발생하고 있는 일들 중에서 너에게 발생하기를 바라는 것을 선택하면 돼. 단, **'필요 없다'**고 생각하는 것에 대해 괜한 신경을 쓰거나 과민하게 화를 내거나 슬퍼하면 우주의 입장에서 '받아들였다', '선택했다'고 오해할 수 있으니 **조심해야 해!"**

"음, 그건 애매한 지점이 있어요. 사람들이 싸우는 모습을 보면 누구나 당연히 '저러면 안 되는데…'라는 식으로 반응하잖아요."

"아까 설명했잖아. 강하게 의식하는 것, 말로 표현한 것이 현실이 된다고. 커플의 싸움을 보고 '저러면 안 되는데…. 나한테도 저런 상황이 벌어지면 어떻게 하지?'라는 식으로 지나치게 걱정하거나, '대화를 들어보니 저건 남자가 잘못한 거야.'라는 식으로 비판하거나 동조할 경우, 그건 부정적인 주문이 되어 우주에 보내지지."

"아! 그건 정말 무서운 일이군요!"

"그렇지. 우주는 과잉 반응도 '그런 현실을 선택했다'라고 받아들이니까 조심해야지. 그럴 때를 대비해 자연스럽게 넘기는 방법을 알아둘 필요가 있어. 자연스럽게 상황을 넘기려면 '그럴 수도 있지.'라고 말하는 거야. 눈앞의 현실에 과잉 반응은 하지 않는 것이지. '그럴 수도 있지. 하지만 내 인생에는 필요 없어.' 하면서 자신의 인생에 그런 현실을 받아들이지 않겠다고 확실하고 분명하게 정해야 해. 받아들이고 싶지 않은 것은 이렇게 자연스럽게 흘러가도록 해야 하는 거야."

여기에서 말하는 '카탈로그'란 현실을 바탕으로 우주가 제안해 주는 인생의 선택지다. 현실은 무작위로 전개되는 것이 아니다. 지금까지 살아오면서 말로 표현한 것들, 체험한 것들, 눈으로 보거나 귀로 들은 정보들이 자신의 현실로 나타날 수 있다. 모든 현실은 과거의 주문에 의해 탄생한 결과라고 말할 수 있다.

따라서 이 현실이라는 카탈로그 안에서 자신에게 일어나기를 바라는 일들을 잘 선택해서 살아야 한다. 예를 들어 식당에서 남성의 불륜이 들통 나 큰 싸움을 하는 커플을 본다면 그것은 우주가 '당신 인생에도 이런 일이 한 번쯤 발생하는 건 어떻겠습니까?'라고 제안을 하고 있는 것이다. 그러니까 즉시 "내 인생에는 필요 없어."라고 넘겨버리고 깊이 생각하지 말아야 한다.

하지만 대다수의 사람들은 무슨 이유에서인지 다른 사람

의 불행을 매우 좋아해서 자기도 모르게 귀를 기울인다. 또 상관도 없는데 "가만히 들어보니 남자가 잘못했네."라는 식으로 분석을 하거나 비난하고, 나아가 화를 내거나 가슴 아파하기도 한다.

강하게 의식하면 내뱉는 말에도 영향을 끼친다. 연예인의 스캔들에 민감하게 반응하고 댓글에 열을 올리거나 SNS에 투고를 하는 행위도 깊은 잠재의식에서 그 카탈로그 내용을 선택한 것과 같은 결과를 낳는다. 그 때문에 음식점에서 다른 사람들의 대화에 귀를 기울이거나 인터넷 뉴스에 댓글을 달 때처럼 초조감이나 분노 같은 기분을 당신의 현실 세계에서 체험하게 되는 것이다.

따라서 자신에게 일어나기를 바라지 않는 일이 카탈로 그로서 전개된다면 쓸데없는 감정이 떠오르기 전에 이렇게 말해야 한다.

"그럴 수도 있지."

그렇게 하면 그 사건에 대한 분석이나 비평을 하는 일 없이 자연스럽게 "나는 필요 없어."라고 거절할 수 있다. 중요한 점은 필요 없는 것은 즉시 차단해야 한다는 것이다.

방문 판매도 그렇지 않은가? 처음에 단호하게 "필요 없습니다."라고 거절하지 못하고 대화를 이어가다 보면 자기도 모르게 필요하지도 않은 물건을 구입하게 되는 경우가 있다.

전에 히로시에게도 "눈에 보이는 모든 것이 너 자신"이라는 말을 해준 적이 있다. 지금까지 본 것, 들은 것을 포함해당신의 의식 안에 자리 잡은 모든 것이 현실로 나타난다는뜻이다.

이 인생 카탈로그 안에는 없어도 좋은 것들이 많이 존재

한다. 정말로 일어나기를 바라는 현실만을 선택하기 위해 무엇을 해야 좋을까? 아주 간단하다. 당신이 해야 할 것은 단 한 가지다.

인생을 어떻게 살고 싶은지 명확하게 정하는 것이다.

이렇게 할 수 있으면 눈앞에 끊임없이 나타나는 카탈로그 안에서 즉시 필요한 것을 구분할 수 있고, "좋아, 이것으로 하자!" 하고 말할 수 있다. 이렇게 하지 못해서 "아, 저것도 나쁘지 않은데. 그래, 이것도 괜찮아!" 하고 망설이면 바라지도 않고, 필요하지도 않은 현상들이 나타나게 된다.

"이런 건 정말 싫어.", "저런 일이 일어나면 어떻게 해야 할까?" 하는 것들도 우주의 입장에서 보면 '주문'이다. 따라서 당신의 인생에도 그런 일이 현실로 일어나게 되니 조심해야 한다.

나는 와이드쇼를 포함해서 텔레비전을 거의 보지 않는다. 와이드쇼는 사람의 행복한 장면에도 초점을 맞추지만 대부분 매일 세상에서 발생한 비참한 사건이나 사고, 연예인과 관련된 내용 등, 별로 기분이 좋지 않은 정보도 상당히 많이 포함하고 있다.

우리 눈앞에 나타나는 모든 일은 인생에서 발생할 수 있는 내용들이 담겨 있는 카탈로그와 같다. 그렇기 때문에 '저녁에는 와이드쇼를 본다'는 것 자체가 매우 위험하다. 유튜브나 SNS로 접하는 이야기들도 마찬가지다.

"그 사람이 불륜을 저지르다니! 말도 안 돼!", "아이를 저렇게 방치하다니! 있을 수 없어!"라는 식으로 화를 내는 동안에 잠재의식은 서서히 그 일들이 내게 발생하고 있는 사건처럼 착각해 버린다.

이것은 결국 인생의 카탈로그에서 그런 현실을 스스로 선택한 것과 같다. 강하게 의식하면 잠재의식에

많이 컸네!

깊이 각인된다. 그 결과, 본인의 인생에도 '상대방의 불륜 때문에 배신을 당한다'거나 '정말 가슴 아픈 일이 발생한다'는 현실이 나타날 수 있다. 정말 무서운 일이다!

이렇게 말하면 "관심을 다 끊으라니, 그럼 세계 평화는 어떻게 돌아가든 상관없다는 건가요?"라는 반문도 있을 법하다. 그러나 본인의 가족은 그야말로 길거리에 나앉거나 뿔뿔이 흩어지기 직전인데 현실을 전혀 보지 못하고 거리에서 '전쟁 반대'만을 외치고 있는 사람도 분명 있을 것이다.

따라서 다시 강조하자면, 자신의 눈이나 귀로 들어온 정보를 좀 더 의식적으로 조정해야 한다. 이를 실행해 보면 꽤 빠르게 현실이 바뀌는 것을 경험할 수 있을 것이다.

3

"할 수 없어!"라는
말버릇이 족쇄가 된다

0.5초 안에 움직여야
기적을 만난다

우주에서
힌트가 오면 즉시
행동으로 옮긴다

빚을 모두 갚고 맞이한 8월의 어느 날….

빚이 없는 여름이라니! 이 상쾌한 해방감! 나는 올여름이야말로 아이들과 진심으로 마음 편히 놀아야겠다고 한껏 들떠 있었다. 빚을 갚느라 정신없이 살았던 시절, 내가 우주에 보낸 주문도 이것이었다.

"나는 아내와 아이들과 즐거운 시간을 보냈다. 함께 있는 시간을 소중히 여기며 살고 있다!"

빚이 있어도 웃음을 잃지 않고 최선을 다해 노력해 온 우리 가족! 빚을 모두 갚고 맞이한 여름은 그 어느 때보다 각별했다. 내 마음은 바다로, 산으로, 강으로 캠핑을 가고 싶다는 생각에 들떠 있었다. 물론 가슴속에 한 점의 걱정도 없는 것은 아니었다.

그렇다. 캠핑을 가거나 놀러갈 때 가게를 생각하지 않을 수 없었다. 매상 문제가 늘 머릿속에서 떠나지 않았다.

그날도 자동차를 몰고 가게로 향하는 도중에 은행에 들렀다. 주차장에 차를 세우자 우주님이 말을 걸어왔다.

"이봐, 히로시!"

"아, 우주님! 오늘은 꽤 덥네요. 이런 날은 굳이 안 찾아와도 괜찮을 것 같은데요. 괜히 숨이 막힌다고요. 도대체 무슨 일입니까?"

"뭐야? 그런 실례되는 말을 하다니! 야! 히로시!"

"네, 말씀하시죠."

지친 목소리로 대꾸하자 우주님이 내 귓가에 입을 대고 속삭였다.

"오늘 아이들과 강으로 놀러가야지."

"네? 무슨 말씀입니까? 어제 다녀왔는데요."

"어제 다녀왔다고 오늘 또 가면 안 되냐? 어제 갔어도 오늘 또 갈 수 있는 거야!"

"그렇게 놀러만 다니면 또 지옥 같은 빚더미에 올라앉는다고요!"

"응? 지금 그 말은 우주로 보내는 주문이냐?"

"아닙니다! 그런 식으로 유도하지 좀 마세요!"

"유도가 아냐! 어쨌든 강에 가서 놀고 와!"

"무리입니다!"

"뭐라고? 히로시, 감히 우주에서 온 힌트를 무시하겠다이거지?"

우주님이 험상궂은 표정으로 화를 내기 시작했다.

"아니, 무시하겠다는 게 아닙니다!"

"내가 주는 힌트를 곧바로 '무리'라고 받아치다니! 힌트를 주자마자 0.5초 만에 거절할 정도라면 그 이후의 말들은 모두 변명일 뿐이야! 가게에 예약 손님도 없으면서 뭘 그렇게 바쁜 척이야?"

"예약은 없어도 누군가 찾아올지 모르지 않습니까! 애당초 가게가 토요일과 일요일 모두 쉰다는 것 자체가 당연히 무리 아닙니까? 언제 고객이 찾아올지 모르는데요."

"이봐, 지금 '당연히 무리 아닙니까?'라고 말했어? 그걸 주문으로 받아들이면 모든 건 끝나는 거야."

"아니, 잠깐만요!"

"뭐가 잠깐이야! 그러니까 너는 아직도 그릇이 작아. 그래, 우물 안 개구리라고. 그릇이 너무 작아. 어쨌든 나는 확실하게 전달했다."

그렇게 말하고 우주님은 사라졌다.

그날 가게는 매우 한가해서 전화 한 통도 걸려오지 않았다. 그리고 그다음 주말부터는 빗줄기가 이어졌고 결국 아이들과는 여름방학 동안 강으로 다시 놀러갈 수 없었다.

"아…, 이럴 줄 알았으면 그날 아이들과 함께 강으로 캠핑이나 갈걸."

기적을 만드는 말의 위력

"그래서 내가 말했잖아!"

아니나 다를까, 험상궂은 표정을 한 우주님이 등장했다.

"우주의 힌트는 의심 없이 받아들이고 곧바로 행동으로 옮겨야 비로소 의미가 있는 거라고."

"네, 맞아요!"

"히로시, 빚을 모두 갚은 뒤에 뭐라고 말했지? '앞으로는 가족을 최고로 행복하게 해줄 거야.'라고 했잖아. 그래서 내가 힌트를 준 거야."

"아, 네… 그렇죠."

"그리고 다시 한번 말하지만 우주에서 주어지는 힌트에

대해 '무리야!'라는 말은 금기야! 나는 가능한 것, 당장은 불가능해 보이지만 행동으로 옮기면 소원이 이루어지는 방향으로 갈 수 있는 것만 힌트로 주는 거야. **네가 하는 말은 모두 우주로 보내는 주문이라고 했잖아!**"

"내가 하는 말이 모두 주문이다…."

"영어에 '스펠spell'이라는 단어가 있지? '스펠'은 '철자를 맞게 쓰다, 맞춤법에 맞게 글을 쓰다'라는 뜻을 가진 동사지만 '주문incantation'이라는 명사의 의미도 있어. 다시 말하면 **말은 항상 주문이 되는 거야.**"

"그건 영어 아닙니까? 우리하고는…."

"우리에게도 '언령言靈'이라는 말이 있어. 예로부터 말에는 영적인 힘이 깃들어 있다고 다들 믿어왔지."

우주님은 진지하게 이야기를 이어갔다.

말을 하는 행위는 영적인 힘을 가지고 있다. 말을 하면 그것이 현실이 된다. '말하다'는 '내놓다'와 일맥상통하다. 우주로 보내는 주문을 '내놓는다'는 것이다.

따라서 입 밖으로 나온 말은 지구상에서의 가장 강력한 주문이다. 그런 의미에서 말은 곧 주문이며 기적을 일으키는 마법이다.

말 그 자체에는 옳고 그름이 없고, 우주에도 선악의 판별이 없지만, 본인 스스로 가능하면 '좋은 느낌이 드는' 말을 사용해야 한다. 입 밖으로 내뱉은 말이 우주라는 증폭 장치를 거쳐 현실이 되어 나타나기 때문에 말을 잘 사용하면 어떤 현실도 만들어낼 수 있다.

아무리 밑바닥 같은 상황에 놓여 있다고 해도 인생을 역전시킬 수 있다. 히로시가 그 좋은 예다. 물론 그 반대도 있다. 말에 의해 최악의 인생을 살게 될 수도 있다.

'남 잡이가 제 잡이'라는 말이 있다. 남을 해치려는 것은 결국 자신에게 돌아온다는 뜻이다. 말도 마찬가지다. 다른 사람에게 한 저주의 말은 결국 본인에게 되돌아와 그와 같은 현실을 맞이하게 된다.

이외에도 본인의 발목을 잡는 무서운 말들이 있다. 본인에게 좋은 말을 사용하고 있는지 그렇지 않은지 정도는 누구나 구분할 수 있을 것이다. 본인에게 좋은 말이란 본인의 입에서 나왔을 때 마음이 편안해지는 축복의 말이다. 본인에게 나쁜 말은 입에서 나왔을 때 분노나 슬픔, 고통, 불쾌감 등을 느끼는 저주의 말이다.

히로시가 내뱉은 "할 수 없어.", "무리야."라는 말도 그렇다. 이것은 한 가지 사건이나 현상에 대해서만 부정하는 것이 아니다.

그 말을 입 밖으로 내뱉는 순간 우주로도 전해져 다양한 일들에서 '무리'라는 결과를 낳아버린다. 비슷한 말로 "안 돼.", "불가능해.", "최악이야." 등이 있다.

"'할 수 없어.', '무리야.'라는 말을 자주 사용하지만 그 말을 했다고 해서 내 기분이 나빠진 적은 없습니다."라고 말하는 사람도 있을 것이다. 그런 사람들은 감각이 마비된 사람일 가능성이 높으니 주의하기 바란다.

이제부터는 말이 가지고 있는 에너지에 주목하고 더욱 긍정적으로 살아보자!

말의 위력은 마법과 같다! 이것은 내가 매일 끊임
없이 체험하고 있는 일이다. 파산밖에는 답이 없다는
말을 듣던 내가 2억 원이라는 빚을 9년 만에 갚을 수
있었던 것은 확실히 말의 힘 덕분이다. 이것은 분명한
사실이다.

빚을 지고 있던 시절, 나는 이렇게 깨달았다.

"그래, 지금 발생하고 있는 이 현실은 말이 만들어
낸 거야!"

사람이 처음으로 사용한 말이 무엇인지는 알 수 없
지만 아마 신인지 우주인지가 처음으로 인간에게 말
을 주었을 때 이렇게 말하지 않았을까?

**"말은 마법이다. 그러니 일어나기 바라는 것만을 말로 표현
하도록 해라."**

일어나기 바라지 않는 것은 말로 표현해서는 안 된
다. 왜냐하면 말은 엄청난 힘을 가지고 있기 때문이
다. 말로 표현한 것은 현실로 나타난다. 그러니까 일

어나기 바라는 것만 말로 표현해야 한다.

말을 사용하는 건 마법을 사용하는 것과 같다. 좋은 말을 사용하면 좋은 현실을 낳고 나쁜 말을 사용하면 나쁜 현실을 낳는다. 평소에 아무 생각 없이 사용하고 있는 말도 사실은 마법이고 주문이다. 말을 사용할 때에는 이 점을 꼭 명심해야 한다.

일어나기 바라는 것을 말로 표현하면 그것은 반드시 현실로 나타나고, 일어나기 바라지 않는 것을 말로 표현해도 역시 현실로 나타난다.

이 책에서도 내 주변에서 발생한 기적 같은 현실을 소개하겠지만 이것 역시 말이라는 마법을 사용한 결과다! '언어의 마법사 고이케 히로시'라고 저자 이름을 바꾸고 싶을 정도다.

말이야말로 지구에서 살아가는 데 인간에게 주어진 단 하나의 '마법'이라고 의식하고 말을 신중히 해야 당신의 인생이 바뀔 것이다!

4

'하지만', '그래도'는
'그러니까'로 바꾼다

우주가 보는 것은
당신의 각오다

주문은 당신의 각오를 표명하는 것이다

"자, 이제 나에게 고마워하라고, 히로시. 지금부터 내가 네 입에서 나오는 말이 축복인지 저주인지 확실히 구별해 줄 테니까."

"축복? 저주?"

"그래. 일단, 너, 토요일과 일요일에는 일하지 마!"

"네? 그건 무리입니다!"

"히로시, 내 말을 제대로 듣고 있기는 한 거야?"

"…그게 토요일과 일요일은 장사가 잘되는 날들이라서 쉴 수가 없어요."

"그래서 어쨌다고?"

"저는 가족을 행복하게 해주겠다고 맹세하지 않았습니까? 그러니까 가게 영업도 최선을 다해야죠. 이제 빚도 다 갚았으니까 앞으로의 행복을 위해 더 노력해야죠."

"이봐! 그럼 가족과의 시간을 소중하게 여기고 아이들과 보내는 시간을 많이 만들겠다는 주문은 어떻게 된 거야?"

"그, 그건, 열심히 일해서 돈을 벌지 않으면 불가능한 일입니다. 양쪽을 다 만족시키기는 어렵지 않겠습니까?"

"뭐? 불가능하다고? 어렵다고? 그거, 내게 보내는 주문이지?"

"아, 아니, 아닙니다. 아니라고요. 하지만…"

"'하지만'은 특히 더 해서는 안 되는 말이야. 절대로 금지야! 봐, 무의식중에 이렇게 또 저주의 말을 내뱉고 있다니까."

"아, 그렇네요. 정말 그렇네…. 놀랍습니다."

"대다수의 사람들은 무슨 이유에서인지 '두 마리 토끼를 좇으면 한 마리도 얻지 못한다'고 생각하고 있어. 마음을 정하고 우주에 주문을 하면 세 마리 토끼도, 네 마리 토끼도 얼마든지 잡을 수 있는데 실행하려 하지를 않아. 쯧쯧!"

"그, 그 말은 토요일과 일요일을 쉬어도 충분한 수입을 올릴 수 있고, 아이들과 함께 보낼 시간도 얻을 수 있다는 말입니까?"

"당연하지. 새삼스럽게 뭔 소리야? 너, 빚을 갚기 위해 죽을힘을 다해 노력했고, 결혼도 하고 딸도 낳은 데다 이미 많은 것들을 동시에 손에 넣었잖아!"

"하, 하지만…"

"야! 아직도 '하지만'이라는 말을 사용하는 거야?"

"아, 아니, 아닙니다. 절대 아닙니다. 하지만… 아, 또!"

"이 멍청이! 이제 한 번 사용할 때마다 한 번씩 벼락을 내려주마!"

"아, 아닙니다. 하지 마세요!"

주문을 취소하는 말은 절대 금지

"히로시, 그동안 줄곧 내게 우주의 구조와 말버릇을 바꾸는 방법에 관해서 배웠으면서 아직도 그렇게 부정적으로 생각해? 주말에 일을 안 하면 불안하다고? 오히려 그 반대지! 토요일과 일요일을 쉬니까 수입이 들어오고 아이들과 함께 보내는 시간도 얻을 수 있는 거라고!"

"그… 그 말은 또 처음 듣는 것 같습니다만…"

"**우주가 지켜보는 건 너의 각오야! 주문은 결국 각오라고!** 진심으로 그걸 이루고 싶다고 생각하는지를 말로 표현하면 그것이 마법이 되어 우주로 전달되고, 우주는 그 소원이 이루어지도록 최선을 다해 움직이는 거야. 지금까지 몇 번이나 말했잖아! 어떻게 이루어질지는 그냥 우주에 맡겨두라고!"

"네! 그렇게 하겠습니다!"

"자, 준비됐어?"

"네, 준비됐습니다!"

"각오는 된 거야?"

"네!"

"그럼 주문을 내봐!"

"나는 앞으로 토요일과 일요일은 쉰다! 아, 말했습니다. 저, 말로 표현했습니다!"

"멋진 주문이었어. 그래서? 그다음은?"

"네? 그다음이요? 그게… 그게…. 여름에는 가족을 강이나 바다로 데려가 휴가를 보내고, …거기다 매년 해외여행을 가고… 우선 하와이로 가서…, 하와이로 가겠습니다!"

"그렇지! 바로 그렇게 하는 거야."

사람들이 평소에 하는 말에는 항상 그 사람의 마음이 반영되어 있다. 무언가에 관해서 '하지만', '그래도'라는 말을 자주 사용하는 사람은 자신을 신뢰하지 않고 있으며, 그 때문에 다른 사람도 믿지 못하고 무엇보다 자신의 우주도 믿지 않는다. 다시 말해서 '하지만', '그래도' 따위의 말버릇은 주문을 방해하는 흑마술 같은 것이다!

"사실은 결혼해서 행복해지고 싶어. 하지만 이제 와서 이성을 만나기는 어려워."

"가족을 좀 더 행복하게 해주고 싶어. 하지만 도박을 끊을 수 없어."

이제 이런 말들이 얼마나 무서운 주문이고 본인 스스로를 향한 저주의 말버릇인지 알았을 것이다. 그리고 나는

'우주님 시리즈'를 통해서 이미 몇 번이나 독자 여러분에게 이 사실을 알려주었다.

　그런데도 독자들 중에서 이런 말버릇을 긍정적인 말버릇으로 바꾼 사람은 극히 일부일 것이다. 왜 그럴까? 말버릇을 바꿀 수 없는 이유가 있을까? 그것은 '바꾸고 싶지 않다', '바뀌고 싶지 않다'는 강한 생각이 존재하기 때문이다.

　실행하는 것이 귀찮다.
　바뀌는 것이 두렵다.
　실행해 보고 실패하면 우울해진다….

　알고 보면 쓸데없는 자존심을 앞세워서 자신에게 저주가 되는 말을 계속 되뇌고 있는 것이다. 물론 이 흑마술은 부모나 자라온 환경 등에 의해 자신도 모르는 사이에 갖추어지는 경우도 적지 않다. '가능할 리가 없다'는 말의 저주에 걸린 사람은 본인에게도 그 저주의 말을 사용하게 된다.

그럼 어떻게 해야 할까?

사용하는 말을 바꾸어야 한다! 말버릇을 철저하게 바꾸어야 한다. 자신의 소원을 이야기했으면 절대로 '하지만', '그래도'라는 말은 쓰지 말아야 한다.

'하지만', '그래도' 대신 사용해야 할 백마술을 가르쳐주겠다. 바로 '그러니까'라는 말버릇이다.

'하지만', '그래도'라는 말이 튀어나올 것 같으면 즉시 이 말로 바꾸길 바란다. 그렇게 하면 흑마술 같은 말버릇을 중화시킬 수 있다.

"결혼해서 행복해지고 싶어. **그러니까** 지금부터 내게 맞는 사람을 찾을 거야."

"가족을 좀 더 행복하게 해주고 싶어. 그러니까 술은 끊을 거야. 그러니까 전문 기관에 가서 상담해 볼 거야."

어떤가? 저주의 마법이 순식간에 미래를 향한 축복의 마법으로 바뀐다. 거짓말이라고 생각한다면 일단 그 생각부터 고쳐먹고, 당신의 인생이 어떻게 바뀌는지 즉시 실행해 보길 바란다.

사실 나도 전에는 '하지만', '그래도'라는 말을 입에 달고 살았다. 그런데 언젠가 문득 깨달았다.

"'하지만'이라는 말, 왠지 기분이 나빠."

그래서 어떤 경우든 '하지만'이라는 말은 사용하지 않기로 결정했다! 그렇지만 말버릇이 되어버려 툭하면 튀어나올 것 같아 참기 어려웠다. 그래서 여러분의 마음도 충분히 이해할 수 있다.

나는 '하지만'이라는 말이 입 밖으로 튀어나오기 전에 다른 말을 하려고 의식적으로 노력했다. 그 말이 '좋지!'다. 우선 '좋지!'라고 말하는 것으로 나 자신의 내부에서 수시로 '내 마음 좀 알아줘.'라고 외치는 자아를 뒤로 보낼 수 있게 되었다.

무엇보다 다른 사람의 말을 무조건 부정하지 않고 긍정하자 사람들의 제안이나 그들이 하려는 일도 긍정적으로 바라보게 되었고 묘하게 모든 일이 순조롭게 풀려나갔다.

많이 컸네!

'좋지!'는 커뮤니케이션에 기적을 일으켜 준다. 예를 들어 무엇을 먹을 것인지 의논하는 대화에서도 '좋지!'라는 말은 효과적이다.

"뭐 먹을래? 중화요리 어때?"

"좋지! 중화요리라, 그것도 좋지. 그리고 이탈리아 요리도 나쁘지 않을 것 같아. 어때?"

어떤가? 대화가 부드럽게 진행되지 않는가?

그런데 이것을 '하지만'으로 바꾸면 어떨까?

"중화요리라… 하지만 기름기가 너무 많아서."

대화가 단절되는 느낌이 든다. 이런 차이가 인생의 모든 장소에서 발생하면 그 결과 또한 엄청나게 달라진다.

5

우주와 계약서를
교환하라

주문 리스트를
만든다

말로만 하지 않고 종이에 적는다

　나는 빚더미에 깔려 살다 우주님을 만나고부터 우선 말버릇을 바꾸고 우주에 소원을 주문한 뒤, 우주로부터 힌트가 내려오면 반드시 실행에 옮겼다. 이것을 열심히 지속한 결과가 현실이 되어 나타났다. 우주로 보내는 나의 주문이 이뤄지는 속도를 높여준 것이 우주님의 명령… 아니, 조언이었다.

　우주님은 그 당시 내게 이렇게 말했다.

　"히로시! 우주에 소원을 주문할 때는 **말로만 하지 말고 반드시 종이에 적어!**"

　그래서 우주님에게 물어보았다.

　"왜 종이에 적어야 소원이 더 잘 이뤄지나요?"

"첫째는 글자 자체에 에너지가 있기 때문이고, 둘째는 인간의 뇌 구조 때문이지. 손을 사용해서 종이에 적는 행동은 뇌의 전두전야를 자극해. 전두엽의 대부분을 차지하는 전두전야는 인간이 인간으로서 존재하는 데 필요한 최고 사령실 같은 거야. 이 전두전야는 성인이 된 이후에도 성장하는 신기한 기관이기도 하지. 또 하나, 손을 사용해서 종이에 글을 쓰면 뇌 중추에서 그 내용을 중요한 정보로 인식하게 돼. 주문을 스스로에게 가장 먼저 확실하게 인식시킬 수 있는 방법이야. 그렇게 하면 뇌는 자연스럽게 주문을 이루기 위해 움직이기 시작하지. 주문을 실현하기 위해 필요한 정보 쪽으로 의식이 향하게 된다는 뜻이야."

"호오, 인간의 뇌는 정말 대단하네요."

"당연히 대단하지. 하지만 아쉽게도 사람들은 그 대단한 뇌를 잘못 사용하고 있어. '나는 안 돼.'라는 주문을 뇌에 인식시켜서 자신이 할 수 없는 증거만 찾으려 하지. 너도 좋은 예야. '빚은 갚을 수 없다.', '무리다.', '가능성이 없다.'는 부정적인 인식을 심고 그 증거만 찾으려 했잖아."

"그, 그렇습니다."

종이에 소원을 쓰는 건
신과 연결되는 행위

　종이에 소원을 쓴다고 하면 일본 사람들은 칠석을 떠올리는 사람도 많을 것이다. 칠석 하면 견우와 직녀가 1년에 한 번 만나는 옛이야기를 가장 먼저 떠올리겠지만 사실 칠석은 다른 의미도 있는 날이다. 칠석에는 저세상(우주)과 이세상(지구)의 경계가 흐려진다. 그렇다. 우주와 연결되기 쉬운 이날에 종이에 소원을 써서 주문을 하는 행위를 우리는 예로부터 실행해 왔다.

　칠석 풍습은 집단 무의식에 의해 강한 에너지를 내포하고 있다. 모든 사람들이 '종이에 소원을 쓰면 이루어진다'고 믿고 있기 때문에 그 강력한 힘에 의해 주문이 훨씬 더 강력하게 우주로 전달되는 것이다.

　거기다 종이紙; かみ는 신神; かみ과 동음이의어다. 같은 소리의 말이기 때문에 같은 에너지가 깃들어 있다. '종이'는 '신'이 깃들일 수 있는 물질이다. 그렇기 때문에 **종이에 소원**

을 쓰는 행위는 신과 연결되는 행위이기도 하다.

'신'은 자신을 이 세상에 태어나게 해준 조상들이고, 또 그 이전의 신들이며, 그것은 곧 우주이기도 하다. 신사에서도 스님이 종이에 씌어 있는 이름을 읽으며 신에게 소원을 전한다. 이것이야말로 우주로 보내는 가장 깨끗하고 확실한 주문 방법이다. 신사는 평소에 인간의 고민과 고통을 떨쳐내 주고 순수한 소원만을 우주로 전달해 주는 특별한 장소이기 때문이다.

우리는 우주의 힘을 사용해서 자유자재로 소원을 이룰 수 있다. 그 시스템을 예로부터 계속 이어왔다. 따라서 소원이 있으면 종이에 분명하게 적어서 주문을 내도록 하자. 우주의 통로 역할을 하는 내가 그 주문을 확실하게 우주에 전달해 줄 테니 믿고 실행하길 바란다.

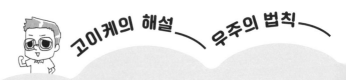

　나는 매년 연말에 아내와 함께 이듬해의 '소원이 이루어진 리스트'를 작성한다. 대부분이 그해 안에 이뤄지기 때문에 종이에 적으면서 정말 대단하다고 생각한다.

　뇌과학적인 측면에서 보면 뇌에 정보를 입력하는 건 손으로 직접 글을 쓰는 속도로 해야 가장 효과적이라고 한다. 단어를 외울 때 그 단어를 직접 쓰는 행위가 나름대로 의미가 있었던 것도 그 때문이다.

　빚을 모두 갚은 후 내가 종이에 적어서 그 소원이 이루어진 것에는 다음과 같은 일들이 있다. 집을 구입한다, 하와이에 간다, 새 냉장고를 구입한다, 맨션으로 이사한다, 아내의 자동차를 구입한다, 가족과 캠핑을 간다, 가족과 디즈니랜드에 간다, 주말과 국경일에는 가게를 쉰다… 정말 내가 봐도 대단하다!

　종이에 소원을 적을 경우에 그 소원이 이루어지는 이유는 사실 종이에 글을 쓰는 행위가 신(우주)과 계

많이 컸네!

약서를 교환하는 것과 같기 때문이다! 계약을 하려면 각오가 필요하다.

신을 상대로 사인을 하는 것이니 그것이 이뤄지지 않을 리 없다. '반드시 이뤄진다!', '반드시 이룰 것이다!'라는 각오도 있다. 그렇기 때문에 정보도 모으게 되고 실행에 옮기게 된다. 그 소원이 이뤄질 때까지 포기하지 않게 된다. 그 결과, 소원은 이뤄진다.

내가 이런 이야기를 하면 반드시 이런 말이 되돌아온다.

"고이케 씨, 결국은 본인 스스로 열심히 노력한 것 뿐이지 않습니까?"

그럴 때 나는 미소를 지어 보이며 이렇게 대답한다.

"그렇습니다! 잘 파악하셨습니다!"

결국 주문은 우주에 보내면 자동으로 이루어지는 것인데, 여기서 '자동'이란 '스스로自 움직인다動'는 뜻이다!

6

'…라면' 같은
조건형 말버릇도 금지

이런저런 조건을
붙이지 않는다

왜 소원이 이뤄지지 않기를 바라는가

　토요일과 일요일을 휴일로 정한 나는 매일 설레는 마음으로 우주에 "감사합니다.", "사랑합니다."라는 말을 되풀이하고 있었다. 사실 지금까지는 매달 빚을 변제하는 금액이 400만 원(45만 엔) 정도였는데 그걸 다 갚았으니 생활에 불편함은 없었다. '주말이나 휴일에 가게 문을 닫으면 망할 거야.'라는 생각은 완전한 착각이었다.

　"이봐, 히로시!"
　평일의 가게 안, 손님의 발길이 끊어졌을 때 우주님이 갑자기 말을 걸어왔다.

"네! 무슨 일이십니까?"

"너, 주말이나 휴일에 쉬기로 하고 가족과 함께 매년 해외여행을 가고 싶다는 주문을 냈지?"

"아, 네. 그랬습니다! 힌트를 주면 뭐든 하겠습니다!"

"그럼 책을 내보는 게 어때?"

"네? 책이요? 그, 그야. 책을 낼 수 있다면 정말 좋겠지요. 하지만 저 같은 사람이…"

"어이쿠, 자학하는 말버릇이 다시 도진 거냐?"

"아니, 아닙니다. 지금 한 말은 취소입니다! 책이라… 만약 책을 출간한다면 '우주님의 놀라운 우주 법칙' 같은 게 될까요?"

"그게 뭐야! 제목이 너무 촌스럽잖아."

"그런 식으로 제 생각을 너무 무시하지 마십시오. 저는 나름대로 우주님도 등장시켜 줄 생각에 그런 제목을 떠올린 것인데…"

"뭐라고? 등장을 시켜 준다고? 네가 나를?"

"그러니까… 언젠가 등장하면 좋겠다…고 생각한 겁니다. 아, 그리고 도쿄 같은 곳에서 강의를 할 수 있으면 좋겠다는 생각도 했어요. 책을 낼 수 있다면 그것도 가능할지 모르겠다고 생각한…. 헉!"

험상궂은 표정의 우주님이 당장이라도 내리칠 것처럼 쥘부채를 치켜들고 있었다.

"히로시, 네가 빛의 지옥에 빠져 있을 때부터 내가 누누이 가르쳐주었잖아! '…하고 싶다'는 영원히 '…하고 싶다'고 생각하는 현실만 실현된다고! 그리고 '이렇게 된다면', '이러이러하다면'이라는 말을 하면 그런 가정 상태에만 계속 머무른다고!"

"아, 네, 그랬죠."

"도대체 언제쯤이나 그 말버릇을 고칠 생각이야?"

그렇다. 빚을 모두 갚기는 했지만 아직 빚에 쫓기지 않는 상황에 익숙하지 않은 나는 앞으로의 풍요롭고 행복한 인생을 살기 위한 커다란 꿈을 그리지 못하고 있었다.

그렇기 때문에 자연스럽게 "책을 낼 수 있으면 좋겠다.", "도쿄에서 강의를 할 수 있으면 좋겠다."라는 말을 하게 된 것이다.

"너의 머리는 아직도 빚의 구렁텅이에서 헤어 나오지 못하고 있는 거냐? '…라면', '…하면'이라는 조건을 붙인 주문 역시 이뤄지지 않는 상태 쪽에 초점을 맞춘 말버릇이야. 그런 말을 계속하면 어떻게 될까? '책을 낼 수 있다면', '도쿄에서 강의를 할 수 있다면'은 영원히 이루어지지 않는 상황이 되겠지! 무엇보다 '…라면', '…하면'은 무서운 마약 같은 말이야!"

"네? 마약 같은 말이요?"

"그래. 나중에는 '내가 만약 책을 냈었다면', '내가 만약 도쿄에서 강의를 했었다면' 이런 식으로 과거형의 '…였다면', '…했다면'이 시작되는 거야. 그렇게 되면 '그랬다면 지금 멋진 모습이 되었을 거야.'라는 식으로 과거에 집착하는 '공상'만 머릿속에 가득 차게 되겠지! 본인은 전혀 행동하지 않으면서 '만약 그랬다면 재미있었을 거야.'라는 식으로 평생 허무한 공상에만 잠겨서 살아갈 테고. 그리고 우주로 돌아왔을 때 깨닫지. '응? 나는 아무것도 한 게 없네.'라고 말이야. 그런 인생으로 만족할 수 있어?"

"아뇨, 아닙니다. 아, 어떻게 하지…?"

"어때? 주문을 다시 낼 거야, 그냥 내버려 둘 거야?"

"다, 다시 내겠습니다. 다시 낼게요!"

"나는 '우주님의 놀라운 우주 법칙'을 출간했고 도쿄에서 강의를 할 수 있게 되었다!"

"이봐, 히로시. 너 지금 뭘 한 거야? 너 아직도 날 못 믿는 거야? 은근히 조건을 걸고 있잖아. 차라리 그 반대로 주문을 내봐."

"네? 반대요?"

"도쿄에서 강의를 했고 그 이후에 책을 낸 거지! 슈퍼마켓 아르바이트를 그만두었을 때의 일, 벌써 잊어버렸어?"

"아…"

불현듯 빚이 아직 4,500만 원(500만 엔) 정도 남아 있었을 때가 떠올랐다.

서른여섯 살 때 나는 빚을 갚기 위해 "뭐든 하겠습니다! 10년 안에 빚을 모두 갚겠습니다!"라고 우주에 주문을 냈다. 당시 내가 짊어지고 있던 빚 2억 원 중에서 30% 정도가 사채였기 때문에 그야말로 지옥이었다. 매달 총액 400만 원 정도의 변제를 해야 했고, 거의 매일같이 여러 군데의 소비자 금융에서 추징을 당해야 했다.

가게 운영만으로는 도저히 감당할 수 없어서 대형 슈퍼마켓에서 아르바이트도 했다. 그것도 일주일에 6일을 일하는 방식으로! 아침에 날이 밝기 전에 슈퍼마켓으로 나가 일을 하고 가게로 가서 문을 여는 나 자신을 '가족을 부양하면서 빚을 갚는 성실한 아빠'라고 자랑스럽게 생각하기도 했다.

그러던 어느 날, 자동차를 운전하여 슈퍼마켓으로 가고 있을 때 조수석에 갑자기 우주님이 나타나 이렇게 말했다.

"이봐 히로시! 본업만으로 먹고살 수 없으면 문제가 있는 거야!"

나는 커다란 망치로 뒤통수를 얻어맞은 듯한 충격을 받았다.

"네? 저는 제 스스로 가족을 위해 성실하게 살고 있는 가장이라고 생각했는데요?"

어이없는 표정을 짓고 있는 내게 우주님은 이렇게 말했다.

"슈퍼마켓에서 아르바이트를 하면서 열심히 빚을 갚고 있다는 건 네 생각이지! 당장 그만둬. 그렇지 않으면 예정대로 빚을 갚을 수 없을 거야!"

"네? 하지만 아르바이트를 그만두면 매달 갚아야 하는 돈을 마련할 수 없지 않습니까?"

"뭐라고? '돈을 마련할 수 없다'고? 지금 그거 내게 보내는 주문이냐?"

"아, 아닙니다. 그런 뜻이 아니라는 건 잘 알지 않습니까. 그런 식으로 말꼬리 좀 잡지 마십시오."

"잘 들어! 입 밖으로 내뱉은 말은 네 미래를 나타내는 거야. 바람직하지 않은 말이 함부로 튀어나오지 않을 때까지 의식적으로 교정

하라고! 그리고 슈퍼마켓은 지금 당장 그만둬! 아르바이트를 '그만 두어야' 빚을 갚을 수 있어!"

"네? 그게, 정말입니까?"

결국 나는 우주님의 말대로 슈퍼마켓 아르바이트를 그만 두기로 했다.

"고이케 씨, 당신은 아르바이트생들의 리더이기 때문에 갑자기 이렇게 그만두면 곤란합니다. 석 달만 더 근무해 줄 수 없겠습니까?"

사장의 부탁에 어쩔 수 없이 한동안 아르바이트를 지속 하면서 슈퍼마켓을 그만둔 이후에 어떻게 돈을 벌 것인지 진지하게 생각했다. 묘하게도 '어떤 것을 그만둔다'는 각오 를 정하자 마음이 편해지면서 배짱이 생겼다.

"그래, 아르바이트를 그만둔 이후에 어떻게 돈을 벌까?"

이런 구체적인 생각도 하게 되었다.

그러던 중에 예상하지 못한 일이 일어났다. 내게 퇴직금 같은 보너스가 주어진 것이다.

"고이케 씨, 이제 곧 퇴직할 사람이지만, 앞으로 슈퍼마 켓 출입증이 신용카드로 대체될 예정이어서 말입니다. 고이케 씨도 신용카드를 신청하는 게 어떻겠습니까?"

"네? 신용카드요?"

나도 모르게 깜짝 놀라 소리를 질렀다.

그럴 수밖에. 2억 원이나 되는 빚을 갚아나가고 있던 내게 은행에서 신용카드를 발행해 줄 리가 없지 않은가. 하지만 이럴 때야말로 필요한 게 있다.

'그래. 이런 상황에서는 **사랑의 빔**이야!'

나는 직원들을 향해 사랑의 빔을 쏘았다.

'사랑의 빔!'

'사랑의 빔!'

'사랑의 빔!'

"그래. 신용카드가 발행되지 않는다면 '사실은 빚이 있습니다.'라고 솔직하게 말하면 되는 거야."

그리고 2주일 후….

서류가 날아와서 나도 모르게 순간적으로 '응? 갚아야 할 빚이 또 있었나?' 하고 생각했는데, 열어보니 출입증으로 발급된 신용카드가 들어 있었다.

잠시 멍한 표정으로 서 있는 내게 우주님이 이렇게 말했다.

"너의 작은 뇌와 지구상에서의 미미한 경험만을 가지고 가능하다, 불가능하다를 마음대로 정하지 마. 우주는 어떻게 해야 주문이 실현될 수 있는지 너보다 몇 배는 더 잘 알고 있으니까. 무조건 우주를 믿는 거야!"

나는 신용카드를 바라보면서 이렇게 생각했다.

'그래. 나의 미래는 정말 밝을 거야.'

신용카드를 만들 수 있는 인생은 사회에서 신용 있는 사람으로 살 수 있는 인생이다. 그렇다면 슈퍼마켓을 그만두어야 한다. 나는 각오를 정하고 다시 우주에 주문을 냈다.

"나는 지금까지의 인생과는 다른 인생을 살아간다. 나는 내가 바라는 인생을 살아간다."

"그렇지. 이제 알겠지?"

"네, 알겠습니다. 지금까지 제가 걸어온 길과 앞으로 제가 걸어갈 길은 달라도 됩니다. 제게 이런저런 조건을 붙이는 말은 더는 하지 않겠습니다!"

"그렇지! 바로 그거야, 히로시! 그래서? 어떻게 할 건데? 구체적으로 말해봐."

"도쿄에서 우주의 구조와 법칙을 전하는 우주 강좌를 열겠습니다. 그것을 토대로 책을 출판할 수도 있겠지요."

"그렇지! 많은 사람들이 안타까울 정도로 할 수 없는 이유를 찾으려 하는데, 그래선 안 돼. **어떤 행위에 이런저런 조건을 붙이는 것은 행동을 가로막는 강력한 주문 같은 거야.**"

당당하게 선언하고 행동하라

인간은 묘한 생물이다. 현실이 아무리 마음에 들지 않고 괴로워도 현재 존재하는 장소에서 벗어나지 않으려 한다. 본래 바라는 것이 있으면 무엇이든 얻을 수 있는데도 스스로 자신의 행동에 제한을 두는 습관을 가지고 있으니 안타까울 수밖에. 물론 이 습관은 살아가는 기술이기도 하지만 재미없는 인생을 살게 할 수도 있다.

갓 태어난 아이는 반짝이는 우주 파이프를 가지고 태어나 우주와 항상 연결되어 있는 상태에서 자신이 우주 그 자체라는 사실을 잘 인식하고 있다. 어떤 소원도 모두 이루어진다는 사실을 잘 알고 있는 것이다.

하지만 인간의 갓난아기는 야생에서는 너무 나약한 존재다. 갓 태어난 새끼 사슴처럼 다리를 부들부들 떨면서 즉시 일어설 수는 없다. 그리고 부모의 보호 아래 있는 동안에는 스스로 행동해서 돈을 벌지도 않는다.

그렇기 때문에 대다수의 인간이 태어난 지 십수 년이 지나도록 부모로부터 독립하지 못한다. 우주에 계속 주문을 내고 하나하나 소원을 이루어가는 일도 현실적으로 매우 어렵다. 어른의 보호 아래에 있는 동안에는 많든 적든 어른에 의해 그 행동을 제한당하는 경우가 많으니까.

　무엇보다 아이는 그 집안에 전해지는 말버릇을 배우며 자란다.

　특히 '…라면', '하면'이라는 말버릇은 성가신 족쇄 같은 주문이다. 본래는 자신이 하고 싶은 것을 당당하게 선언하고 행동하는 게 우주의 원리인데, 가정형의 부정적인 말들이 이런 선언과 행동을 너무나 간단히 중지시켜 버리기 때문이다.

　"아빠가 돈을 더 많이 벌면 엄마가 행복할 텐데…."라고 말하는 순간, 사실은 눈앞으로 다가와 있는 엄청난 행복을 포기해 버리는 결과를 낳는다.

"돈이 있으면 내가 하고 싶은 일들을 더 많이 할 수 있을 텐데…."

이 말은 하고 싶은 일을 하지 않겠다고 선언하는 것과 같다. 또 이런 말을 계속 듣고 있는 아이는 자연스럽게 '…라면', '…하면'이라는, 자신의 행동을 제지하는 말버릇에 익숙해지고, 우주와 영혼을 연결해 주는 우주 파이프 또한 막혀버린다.

명심하자! 이 지구를 즐기는 데에 조건 따위는 없다.

무엇인가 하고 싶은 일을 하는 데에 이유는 필요 없다.

단지, 주문을 보내고, 힌트를 받아들이고,

행동하고, 눈앞에 펼쳐진 현실을 즐기면 된다.

모든 신경을 집중해서 자신이 평소에 사용하는 말을 의식하자. 그리고 스스로 족쇄를 채우는 주문 게임 같은, 이유를 알 수 없는 자학적인 언어유희에서 빠져나오자.

돈이
많으면
할 거야.

수입이
좀 더
늘면 할 거야.

고이케의 해설 — 우주의 법칙 —

  사람은 자신이 한 말에 세뇌당한다! 자신이 한 말을 진짜로 받아들이고 그 말에 세뇌당하여 그것을 이루기 위해 의식적으로, 또는 무의식적으로 행동하는 것이다.

  그렇다. 결국 자신의 말에서 현실이 탄생한다. 자신이 한 말이 지금의 현실을 만드는 것이다.

  "실제로 할 수 없으니까 할 수 없다고 말한 것이 아닌가요?"

  이렇게 반문하는 사람도 있지만 이것 역시 달걀이 먼저냐 닭이 먼저냐 하는 이야기다.

  현실로 이루어지기를 바라는 말을 계속 사용하면 그것은 반드시 현실이 된다! 바꾸어 말하면 자신의 말에 자신이 세뇌당하고 믿게 되어 현실이 따라오는 것이다.

많이 컸네!

지금까지의 나는 줄곧 이렇게 말했다.
"지금까지도 할 수 없었는데 되겠어?"
"아니, 할 수 없을 거야. 불가능해."
"두렵기는 하지만… 해볼까?"
"응? 내가 해낸 거야? 운이 좋았나?"

말버릇을 바꾼 나는 이렇게 말한다.
"할 수 있으니까 해보자."
"할 수 있어!"
"할 수 있을 거라고 믿었어."

지금의 나는 이렇게 말한다.
"됐어! 해냈어!"

좋든 싫든 사람은 자신의 말에 영향을 받는다! 여러분도 시도해 보길 바란다!

7

좋은 인연을 방해하는
'어차피'라는 말버릇

우주를 믿으면
좋은 인연이 찾아온다

인연도 기적처럼 찾아온다

"도쿄에서 강연을 시작했어. 책을 출간했어! 가족이 함께 1년에 한 번은 해외여행을 가서 다양한 체험을 하는 풍요로운 삶을 살고 싶어! 그렇게 살 거야! 그렇게 됐어!"

그렇게 주문을 낸 이후에 나는 즉시 행동으로 옮겼다. 도쿄에서 작은 회의실을 빌려 강좌를 개최한 것이다. 몇 개월에 한 번 정도로 도쿄로 나가 우주의 구조와 법칙을 전하는 강좌를 열었다.

하지만 수강생은 기껏해야 네댓 명 정도. 심지어 수강생 전원이 이미 알고 지내는 사람이었다. 도쿄에서 심리학을 함께 공부한 동료들인데, 나의 새 출발을 격려하기 위해서 강좌를 들어주는 그런 느낌이랄까.

"자, 빨리 끝내고 술이나 한잔하러 갑시다."

이런 말도 오가는 정말 가벼운 느낌의 강좌였다.

그래도 그게 정말 즐거웠다.

이해하기 어려운 부분은 서로 가르쳐주면서 매회 다양한 배움을 얻을 수 있었다. 강좌를 거듭할수록 다른 사람 앞에서 말을 잘하게 된다는 것이 무엇보다 큰 수확이었다.

그러던 중 "블로그를 보았습니다."라고 말하며 찾아온 낯선 사람이나 가게에서 팔찌를 구입해 준 사람이 한 명, 두 명 참석하게 되었다.

그러던 어느 날, 도쿄에 살고 있는 출판 관계자 M씨로부터 전화가 걸려왔다.

"고이케 씨, 저도 팔찌를 하나 맞추고 싶은데, 블로그를 보니까 다음 주에 도쿄에 오신다고요?"

M씨는 1년 전쯤 가게를 찾아왔던 사람이다. 그 당시 나는 지역에서 알고 지내던 일러스트레이터인 아베 나오미(우주님 시리즈의 일러스트를 그렸다.) 씨에게 "저, 책을 내기로 했습니다!"라고 선언하듯 이야기했다. 그러자 그녀가 "도쿄에서 출판 관계자가 놀러 올 예정이니까 함께 가게를 찾

아갈게요!"라고 하더니, 며칠 후 정말로 M씨를 가게로 데려왔다.

하지만 그때 M씨는 내게는 물론 팔찌에도 전혀 관심이 없었고 '나를 왜 이런 곳에 데려온 거야?' 하는 표정을 짓고 있었기 때문에 두 번 다시 만날 일은 없을 것이라고 생각했다.

M씨의 전화는 정말 갑작스러웠다.

"아, 왜 팔찌를 맞추고 싶어졌는지 그 이유는 알 수 없지만 왠지 연락을 해야 할 것 같은 느낌이 들었어요."

그녀조차 알 수 없는 묘한 동기로 연락을 하게 되었다고 했다. 내 블로그를 보고 다음 주에 내가 도쿄를 방문한다는 것을 알았고, 자기도 모르게 연락을 하게 되었다고 했다.

"네! 도쿄의 호텔 로비에서 팔찌를 제작하고 있으니까 괜찮다면 그곳에서 보도록 하지요!"

나는 이렇게 말하고, 그다음 주 도쿄로 향했다.

"저, 고이케 씨, 로비라는 게… 이게…"

간다神田의 모 비즈니스호텔 안내데스크 옆에 있는, 사람 한 명이 겨우 지나다닐 수 있는 통로… 거기에 두 개의 고객용 의자와 명목뿐인 테이블을 놓았는데, 당시의 나는 그것을 '로비'라고 불렀다. 5성급 호텔 같은 곳에서 우아하게 오링 테스트를 하면서 팔찌를 만드는 것이라고 생각했던 M씨는 충격을 받은 듯했다. 어색한 느낌의 재회였다.

'아, 이것으로 끝이겠구나.'

그렇게 생각하고 있는데 M씨가 "고이케 씨에게 우주에 관한 이야기를 듣고 싶은데 함께 식사라도 하면 어떻겠습니까?"라고 제안했고, 그길로 우리는 닭꼬치를 먹으러 가게 되었다.

거기서 마치 기관총을 쏘듯 우주에 관한 이야기를 늘어놓다가 나도 모르게 이렇게 말했다.

"어떻습니까? 이 이야기를 '우주님의 놀라운 우주 법칙'이라는 제목으로 출간을 하고 싶은데, 괜찮겠습니까?"

"아, 우, 우주님…이라고요? 그렇군요….."

M씨는 다시 뭔가 충격을 받은 듯 말없이 닭꼬치를 먹기 시작했다.

'그래. 역시 이것으로 끝이야.'라고 생각했는데 돌아갈 때 M씨가 이렇게 말했다.

"재미있는 내용 같으니까 출판사에 제가 제안을 해보겠습니다!"

나중에 들은 이야기인데, 그때 M씨는 왜 자신이 그렇게 말했는지 전혀 알 수 없었다고 한다. 그도 그럴 것이 M씨는 스피리추얼 분야에는 전혀 흥미가 없었다.

"우주님 같은 내용은 책으로는 도저히 출간할 수 없다고 생각했습니다. 그런데 '재미있을 것 같다'고 말하다니, 지금 다시 생각해도 제가 그때 왜 그랬는지 전혀 이해할 수 없습니다."

M씨는 지금도 이렇게 말하고 있다.

센다이仙台로 돌아와 우주님에게 그 일을 이야기하자, 우주님이 키득키득 웃으며 이렇게 말했다.

후후후

헤헤헤

아, 센다이에서 이상한 파워스톤 가게를 운영하는 사람에게 연락을 해야겠다. 이유는 알 수 없지만….

"좋았어. 미도리가 멋지게 처리했어!"

"응? 미도리라면 제가 결혼하고 싶다고 말했을 때 나타난 우주 중매 네트워크의 그분 말인가요?"

"이봐, 미도리는 연애만 연결해 주는 게 아냐. 진정한 주문을 내면 좋은 인연들을 데려다준다고."

그로부터 반년 이상 M씨로부터 연락이 없었다.

'인연이 아닌가 보다.'

이런 생각을 하고 있는데, 갑자기 M씨로부터 다시 전화가 걸려왔다.

"고이케 씨, 출판사 편집자분이 고이케 씨를 만나 뵙고 싶다네요."

"네? 정말인가요? 감사합니다!"

"그런데 요즘 좀 바쁜 시기라서 다음 주 수요일밖에 시간이 없다는데요."

갑자기 전화를 받은 나는 "아, 잠깐만요!"라고 양해를 구하고 서둘러 스케줄을 확인했다.

"아, 그날 저 도쿄에 갑니다!"

놀랍게도 그날 나는 도쿄에 심리학 공부를 하러 가게 되어 있었다.

"아, 다행이네요! 하, 하지만 오후에는 일정이 있어서 아침 10시 정도에 뵈면 좋겠다고 하는데 어떠신가요?"

"저, 이미 신칸센을 예약해 두어서… 그날은 저녁 강좌니까… 아침 10시라고 하셨죠? 잠깐만요….'

그리고 신칸센 예매를 확인해 보니, 무슨 이유에서인지 도쿄역에 아침 9시에 도착하도록 예약이 되어 있었다.

"어, 저 아침 9시에 도착하는데요! 아침 9시에는 도쿄에 있습니다!"

"네? 아, 그렇군요. 그거 다행이네요.'

신기한 일이 거듭 겹치며 무사히 선마크출판사의 편집자를 만날 수 있었고 책을 출간하기에 이르렀다.

아, 내가 기쁜 마음으로 제안한 '우주님의 놀라운 우주 법칙'이라는 제목은 편집자가 "이건 다른 제목을 한번 검토해 보도록 하지요."라고 정중하게 거부 의사를 밝혔다는 점은 이 책의 제목을 보면 알 수 있을 것이다.

그리고 우주님이 예언한 대로 우주님이 주인공인 멋진 책이 탄생했다.

좋은 인연과
최악의 인연

히로시, 오랜만이야.

결혼한 이후에 모든 일이 술술 잘 풀리는 것 같아서 나도 기분이 무척 좋아.

이번에는 내가 가진 다른 능력도 한 가지 말해줄게. 남녀의 인연뿐만 아니라 모든 좋은 인연이 어떻게 찾아오는지 궁금하지? 자, 메모 준비하라고!

우선 신기하게도 좋은 인연을 부르는 사람과 최악의 사람을 만나는 사람이 있지? 그 차이가 뭘까?

차이는 크게 나누어 두 가지야. 하나는 각오를 하고 우주에 진정한 소원을 주문했는지야. 진심으로 실현될 것이라고 믿고 어떤 힌트든 받아들인 뒤 곧바로 행동으로 옮기겠다고 결심한 사람에게만 기적 같은 인연이 주어지는 거야.

"진심으로 실현될 것이라고 믿고 실천했지만 기적은 일

어나지 않았습니다."

가끔 이렇게 말하는 사람도 있지만 현실이 모든 것을 말해줘. 왜냐하면 현실 자체가 그 사람이 진정으로 원해서 주문한 것을 형태화한 것이니까.

진심으로 주문을 하고 실행하면 시간은 걸릴지 몰라도 반드시 현실로 실현돼. 그러니까 지금 자신이 놓여 있는 현실이 이상적인 것이 아니라면 그것은 진심으로 주문을 하지 않았다는 증거야.

또 하나, 나쁜 인연만 찾아오는 원인은 명확해. 우주는 그 사람이 "내게는 이게 어울려."라고 생각하는 것을 현실화시켜 주기 때문이야. 멋진 환경을 누리고 사는 사람은 "내게는 멋진 환경이 어울려."라고 생각하는 사람이야. 한편 나쁜 사람, 나쁜 환경에 놓여 있는 사람 역시 "내게는 이런 환경이 어울려."라고 믿고 있다는 뜻이야.

그런 사람이 자주 입에 담는 무서운 말이 뭘까?

"나 같은 사람이 무슨⋯.", "어차피 나는⋯." 따위의 말버릇이지. 아무리 말버릇을 의식적으로 바꾸어도 자기도 모르게 이런 말이 입 밖으로 튀어나온다면 현실은 긍정적으로 바뀔 수 없어. "행복해지고 싶어."라고 외치면서 저주의 인형에 못을 박고 있는 것과 같은 거라고. 다시 말하자면, 자신에게 스스로 저주를 거는 것이지.

그러니까 지금 만약 멋진 사람들과 어울리거나 일을 도모하고 싶다면 혹시 자신에게 저주를 걸고 있지는 않은지 확인해 봐야 해.

아, 저주를 푸는 방법이 궁금하다고?

저주에 걸려 있는 자신이 살아오면서 까맣게 잊어버렸던, 그 감각을 떠올리는 게 가장 중요해.

"나는 이걸 하고 싶어."

"나는 이게 좋아."

이 감각을 다시 찾아야 해. 자신에게 저주를 걸어온 사람은 자신이 좋아하는 것, 정말로 바라는 것을 완전히 잊어버리고 있지. 그렇기 때문에 진심이라고 착각하고 우주에 주문을 내는 것도 "그 사람이 기뻐하니까."라거나 "다른 사람에게 인정받고 싶으니까."라는 식으로 다른 사람을 기준 삼아 주문을 내는 거라고.

이래서는 바람직한 환경이 만들어질 수 없지. 그러니까 우선 자신이 좋아하는 것, 하고 싶은 것이 무엇이었는지 그걸 다시 깨닫는 게 중요해.

오랜 세월 동안 자신의 마음에 귀를 기울이지 않았던 사람이 자주 하는 말이 있다.

"내가 정말 뭘 원하는지 모르겠어."

입 밖으로 이런 말이 나온다면 작은 것부터 자신의 마음에 다시 귀를 기울여 보도록 하자.

"오늘 내가 정말 먹고 싶은 것은 무엇일까?"

이런 식으로 정말 작은 것이라도 상관없다. 자신의 바람이 무엇인지 진지하게 귀를 기울여 보는 것이 중요하다.

그렇게 하면 조금씩 자신이 걸어놓은 저주가 풀리고 지금까지 억압하고 있었던 진정한 자신이 잠에서 깨어난다. 그리고 기쁜 목소리로 이렇게 되물을 것이다.

"응? 내게 물어보는 거야?"

처음에는 자신의 내부에 존재하는 진정한 자신이 믿어주지 않을지도 모른다. 하지만 포기하지 말고 자기 자신에게 이렇게 말하자!

"내가 정말 좋아하는 게 뭔지 가르쳐줘!"

"내가 정말 하고 싶어 하는 게 뭔지 가르쳐줘!"

이렇게 하면 마음속의 저주가 조금씩 풀릴 것이다. 진정한 자신이 마음을 열어줄 때까지 귀를 기울이고 들어주자.

"오늘 나는 중화요리를 먹고 싶어."

"오늘 나는 쉬고 싶어."

작은 것부터 진정한 마음의 소리를 놓치지 말고 포착하자.

그리고 자신에게 이렇게 말해주자.

"이제 괜찮아! 내가 바람이 이루어지게 해줄게."

"괜찮아!"는 자신에게 걸려 있던 저주를 풀어주는 마법의 말이다.

8

모든 제한을 벗어나
뭘 하고 싶은지 떠올려라

**인생을
하향 조정하지
않는다**

내 인생은
이미 내가
설정한 것이다

출판이 결정된 그날 밤, 나는 축하를 할 일이 있으면 빼놓지 않는 발포주를 한 손에 들고 우주님에게 이렇게 말을 걸었다.

"대단해요, 정말 대단합니다. 저의 우주가 점점 넓어지고 있어요. 정말 대단해요, 우주님!"

"뭐야, 이제야 그걸 깨달은 거야? 너무 늦는데!"

"편집자가 이렇게 말하더라고요. '고이케 씨, 빚이 2억 원이어서 다행입니다. 만약 2천만 원이었다면 책으로 출판하기는 어려웠을 겁니다. 또 20억 원이었다고 해도 일반인이 그렇게 많은 빚을 지기는 어려우니까 안 되고요. 2억 원은 정말 절묘한 금액이었습니다.' 빚도 적당한 선이 있다니 이게 믿어집니까?"

"응? 히로시, 도대체 무슨 말을 하는 거야?"

"네?"

"지구에 오기 전에 네가 이미 이 여행을 설정했잖아. '나는 이번에 지구에 가는 것이 마지막이니까 약간 드라마틱하게 살고 싶어. 빚을 졌다가 다시 성공하는 인생, 그런 것도 괜찮잖아.'라고."

"네?"

"다만 너는 네가 선택한 여행을 김새는 말버릇과 행동으로 예정보다 훨씬 더 지루한 여행으로 만들었지. 예를 들면 '경비를 최소한으로 줄이고 히치하이크로 전국을 일주할 거야!'라고 여행을 계획했던 사람이 문득 정신을 차려보니 여행을 하는 도중에 이상한 항아리를 할부로 구입해 버려서 줄곧 빚쟁이들에게 쫓기면서 노숙 생활을 하는 것처럼 말이야. 그러니까 너는 이제야 원래 예정했던 대로 돌아온 거라고. 지금 일어나고 있는 다양한 기적들은 네가 지금까지 고생한 것에 대한 보너스 같은 거야."

"그렇군요! 우주님, 정말 대단해요! 감사합니다!"

"호오, 이제야 나를 제대로 알아보는군. 우주 전체에서 확실하게 실력을 보증받은 존재가 나라고! 하하하! 그러니까 내 말만 들어도 손해 볼 일은 없어."

"……."

"왜 말이 없어?"

"하지만… 저는 왜 예정했던 여행보다 훨씬 고생한 느낌
이 들까요?"

"좋은 질문이야! 내가 가르쳐주지! 그건 말이야, 인간은
태어난 환경이나 부모의 사고방식에 큰 영향을 받는 존재
이기 때문이야. 이 지구상에서 살아남기 위해 사회 구성원
으로 소속되고 싶은 강한 욕구를 가지고 태어나니까. 따라
서 미리 스스로 결정한 일들을 가족의 암묵적인 규칙에 의
해 너무나 간단히 변경해 버리지."

"소속되고 싶은 욕구라… 확실히 무인도에서 100% 자
급자족을 하지 않는 한, 다른 사람들과 전혀 관계없이 혼자
살아간다는 것은 어려운 일이지요. 그런데 우주님, 본래 자
기가 원했던 여행으로 돌아가겠다고 선언하라고 했는데,
자신이 선택한 여행이 어떤 내용이었는지 알 수 있는 방법
은 없을까요?"

"있지."

"그걸 알고 싶습니다!"

본래 계획한 여행 목적을 떠올린다

"본래의 여행 목적이라… 그러기 위해서는 자신을 용의자로 놓고 프로파일링을 해보는 게 좋아."

"네? 프로파일링이라니요…?"

"히로시, 너도 늘 하고 있잖아. 물건을 어디에 두었는지 알 수 없을 때 어떻게 찾는지를 떠올려 보라고."

"그러니까… 아, 그게 프로파일링을 하는 것이군요."

"그렇지?"

나는 물건을 어디에 두었는지 알 수 없을 때 우선 나의 성격을 분석해 보고 내게 질문을 던져보면서 찾는 버릇이 있다. 예를 들면, 신칸센 티켓을 어디 두었는지 알 수 없을 때, 나를 프로파일링해서 추적을 하는 것이다.

"내 성격으로 볼 때, 우선 신칸센 티켓을 구입하면 즉시 가방 안쪽 주머니에 넣을 거야. 아, 없는데. 그렇다면… 그 후에 출장지 호텔에 짐을 두러 갈 거야. 그렇다면 호텔에서 짐을 정리해서 신칸센 티켓은 찾기 쉬운 장소에 다시 옮겨 놓을 거야…."

그렇게 해서 스스로를 프로파일링하는 동안에 "아, 그렇지. 카드케이스 안에 넣어두었어!"라고 깨닫는다. 누구보다 스스로를 잘 알고 있는 사람, 즉 자신이 자신의 행동을 분석해서 찾는 것이 건망증에는 정말 큰 효과가 있다.

"하지만 그것과 자신이 정한 본래 인생의 여정을 기억해 내는 것이 어떤 관계가 있습니까?"

"너, 여전히 멍청이구나. 지구에 오기 전에 스스로 결정한 여정이니까 자신이 어떤 여행을 예정했었는지 스스로 프로파일링을 하듯 생각해 보면 되는 거야. '나는 지구에 오기 전에 일단 어떤 여행을 계획했을까?'라는 식으로 시작해야겠지. '아, 나는 틀림없이 큰 빚을 지고 그걸 갚기 위해 눈물, 콧물을 흘려가며 고생하는 경험을 하고 싶다고 계획했을 거야.'라는 느낌 말이야."

"누가 그런 계획을 세웁니까? 절대로 아니라고요!"

"어쨌든 중요한 건 기억해 내려고 노력하는 거야. 그리고 또 한 가지 힌트를 주자면, 스스로에게 이렇게 물어봐. '지금 수중에 40억 원이 있다면 뭘 하고 싶을까?'라고."

"40억 원이요?"

"그래. 사람들 대부분이 하고 싶은 것이 있어도 돈이 없으면 할 수 없다고 믿거든. 그 결과, 지루하고 힘겨운 여행에서 빠져나오지 못하지. 그러니까 '일하지 않으면 먹고살 수 없다'는 식으로 자학적인 주문을 내는 버릇은 버려."

우주님은 어느 때보다 열정적으로 말을 이어갔다.

"나에게 '40억 원이 있으면 어떻게 할까?'라고
질문을 해봐.
모든 제한을 벗어나서 자신이 무엇을 하고 싶은지,
자신이 진정으로 바라는 걸 확인해 보는 게 좋아.
그래야 진정한 나를 찾을 수 있어."

"그렇군요… 확실히 40억 원이 있으면 하기 싫은 일은 즉시 그만두고 하고 싶은 일을 할 거예요. 가고 싶은 곳이 있으면 미루지 않고 즉시 가보고요."

"그렇지? 돈을 기준으로 하나하나 제한을 두고 있기 때

125

문에 본래 계획했던 여행의 목적을 잊어버리는 거야. 돈은 에너지니까 진정한 의미에서는 중요한 존재가 아니야. 그러니까 충분한 돈이 있다는 전제로 스스로 무엇을 원하는지 돌아보는 거야!"

정해진 여정을 더 힘겹게 만드는 이유

인간은 이 지구상에 내려올 때 우선 출발선에 내려선다. 단, 자신이 어떤 길을 밟아 어디에 골인할 것인지 그것을 모두 살펴본 뒤에 '완전히 잊어버리고' 태어난다. 가끔 "아, 이건 알고 있었던 것 같아."라거나 "왠지 이렇게 될 것 같았어."라는 느낌이 드는 것은 그 때문이다.

뭔가 기시감을 느낄 때는 그 여행이 자신이 바랐던 여행이라는 신호다. 그런데 문제는 사람들이 지구에 오면서 너무나 간단히 자신의 여행을 하향 조정한다는 것이다.

왜 군이 자신의 여행을 하향 조정하는 것일까? 왜 인생을 재미없게, 힘겹게 만드는 것일까? 그것은 지구상에서의 가족이라는 시스템과 큰 관계가 있다.

사람들은 이 지구상에서 가족을 가지고 어떤 국가에 속해서 살아간다. 즉, 항상 소속의 욕구를 가지고 있다. 이 소속의 욕구는 매우 성가신 것이지만 사람들은 누구나 이 가족이라는 시스템에 소속되어 있고 싶다는 생각을 한다. 살아가기 위해 필요한 것이기 때문이다.

이 소속 욕구 때문에 부모가 가진 '이렇게 해야 한다', '이건 해서는 안 된다'라는 생각을 자신의 여행에 조합시킨다. 그렇게 자신에게 점차 제한을 걸어서 바람을 이루는 것도, 행복해지는 것도 두려워하며 예정한 여정을 크게 벗어난 여행을 한다. 자기다운 여행을 하려 할수록 죄악감이 끓어오르지만 한편으로는 자기다운 여행을 할 수 없음을 한탄한다.

"변하고 싶어!", "이제 이렇게 사는 건 싫어!"라고 말하는 사람들은 자신의 인생을 예정보다 힘겹게 살고 있는 것이다. 그 사실을 빨리 깨달아야 한다! 그리고 자신의 인생을 살겠다고 결심하고, 각오해야 한다.

여행을 점차 업그레이드하는 방법이 궁금한가? 무엇보다 일어나는 모든 현상에 "고맙습니다.", "사랑합니다."를 전해야 한다. 그러면 우주가 그것을 받아들여 증폭시키고, 다시 원래의 여정으로 되돌려놓는 기적을 준비해 준다. 더불어 "이번 여행에서는 예정해 둔 것이 아니지만 분위기가 좋으니까 이것저것 옵션을 더 추가해 주마."라고 하며 인생의 질을 크게 격상해 준다.

히로시도 본래의 여행이라면 빚을 다 갚은 뒤에 센다이에서 그런대로 즐겁게 사는 것이었지만 이것이 업그레이드된 덕분에 책을 출간하고 전국에서 강연회를 열었으며 앞으로도 많은 기적을 일으킬 예정으로 바뀌었다.

자신과 우주를 신뢰하면 두려울 게 없다. 앞으로도 수많은 기적이 발생하는 인생이 기다리고 있을 뿐이다.

나는 예전부터 자동차를 좋아했다. "사회인이 되면 반드시 폴크스바겐을 구입할 거야."라고 생각하고 있었다. 하지만 막상 사회인이 되어서 아버지에게 그 이야기를 했다가 크게 야단을 맞았다.

"안 돼! 우리 집에 외제차는 있을 수 없어. 국산차를 사라!"

"외제차는 안 된다고요? 그럼 어쩔 수 없지요."

당시에는 아직 순박한 시골 청년이었던 나는 사회에 관해서도, 심리학에 관해서도 아무것도 모르고 있었기 때문에 아버지의 말을 그대로 받아들였다! 나의 꿈을 포기했다! 폴크스바겐을!

이건 나의 영혼이 결정한 인생에서 '처음으로 구입하는 자동차는 폴크스바겐이다.'라는 여정을 가족의 규칙에 의해 하향 조정한 것이다.

이 배후에는 '이 가족의 일원이고 싶으면 가족의 규칙을 지켜야 한다.'는 소속의 욕구가 존재한다. 이런

가족의 규칙은 크든 작든 모든 집에 존재한다.

하지만 여기에서 매우 중요한 것이 있다. 부모 역시 나와 같이 자신의 여행을 <u>스스로</u> 선택해서 지구로 찾아온 영혼이라는 것이다!

풍습이나 가족 내에서 정해진 규칙에 속박당하여 언뜻 불행해 보일 수도 있는 부모의 인생도 부모의 영혼이 바라고 선택한 인생이다.

우리가 할 수 있는 것은 본인이 먼저 자신이 바랐던 인생 여정으로 돌아가는 것, 하향 조정되어 있던 여행에서 원래의 인생 여정으로 돌아가는 것이다.

그러기 위해서는 이렇게 선언해야 한다.

"나는 부모의 인생을 있는 그대로 존중함과 동시에 내가 정한 내 인생의 여정으로 돌아가겠다."

9

"괜찮아!"는 백마술,
"괜찮아?"는 흑마술

응원도 될 수 있고
함정도 될 수 있다?

돌다리를 너무 두드리면 무너진다

책이 출간된 이후 수백 명 규모의 토크쇼를 개최했다. 책에 담겨 있는 내용을 직접 말로 전하는 즐거움과 흥분을 실감하면서 마음속에서 한 가지 생각이 싹트기 시작했다. 반년 동안 연속해서 진행하는 강좌에 도전해 보고 싶다는 생각이었다.

그런데 훨씬 더 다이내믹하게 인생을 바꾸어가는 방법을 전하는 연속 강좌를 해보고 싶다는 생각과 함께, '아니, 역시 하지 않는 게 좋을 거야.'라는 생각도 하고 있었다. 나는 갈피를 잡기 어려웠다.

'연속 강좌는 하고 싶어. 하지만 좀 더 나중에 해도 되지 않을까?

그렇게 생각한 순간, 우주님이 나타나 말했다.

"야, 히로시! 너 설마 이제 와서 돌다리도 두드려 보고 건너겠다고 생각하는 거냐?"

"네? 그, 그걸 어떻게…?"

"어떻게 알았냐고? 새삼스럽게 그런 걸 묻는 거야? 내가 너에 대해 모르는 게 있겠어?"

"사실 제가 강사로서 활동한다는 게 주제넘은 생각인 것 같아서…."

"이러니저러니 말 정말 많네. 머릿속에 떠오른 아이디어는 힌트야! 힌트는 0.5초 안에 붙잡아야 한다고! 늘 했던 말이잖아. 그 이후에는 쓸데없는 생각이 머리를 지배한다니까. 그래서 계속 실행하지 못할 핑계만 찾게 되는 거야!"

"네…."

"돌다리도 너무 두드리다 보면 어떻게 되는지 알아?"

"모르겠습니다."

"아무리 튼튼한 돌다리도 수십 년 동안 두드려 대면 무너지는 거야! 그건 이른바 '악마의 증명'이라고! '이것 봐. 역시 안전하지 않았어.'라고 증명하고 싶어 하는 것이지. 영화 〈쇼생크 탈출〉처럼 무사히 탈옥을 하기 위해서라면 또 모르지만 수십 년이나 계속 돌다리를 두드려 대다가 그게 무너지면 네게 무슨 이득이 있을까? 지구에서 사는 인간에게는 '100% 실패하지 않는 방법' 따위는 존재하지 않아. 단 한 가지 약속할 수 있는 것은, 우주에서 보면 무슨 일이 발생하든 다 '괜찮다'는 거야. 어쨌든 너의 그 작은 뇌로 고민을 해봐야 더 나은 답을 얻을 수는 없어!"

"네…."

우주님이 말한 '악마의 증명'이란 중세 유럽에서 사용된 법적 용어다. 악마가 없다는 것을 증명하는 것은 불가능하므로 있다고 믿는 쪽이 증명해야 함을 비유적으로 표현한 것이다. 100% 실패하지 않는 방법 따위는 없다. 우리는 힌트가 오면 그저 믿고 실행하는 것뿐이다. 나 또한 우주님의 강력한 기운에 압도당하여 연속 강좌를 준비하기 시작했다.

어김없이 나타나는 신형 드림 킬러

"고이케 씨, 강좌는 처음일 텐데 괜찮겠습니까?"

강좌를 준비하기 시작한 지 얼마 지나지 않아 걱정하는 목소리들이 들려오기 시작했다.

"고이케 씨, 강좌 같은 건 하지 말고 모처럼 궤도에 오르기 시작한 팔찌 사업에만 몰두하는 게 낫지 않을까요?"

그런 말을 듣고 마음이 약해지는 내게 우주님이 조언을 했다.

"히로시, 함정에 빠지지 마. 저건 새로운 수법의 드림 킬러야."

"네? 또 드림 킬러가 찾아온다고요? 드림 킬러는 소원이 이루어지기 시작하는 시점에 나타나는 것 아닙니까?"

"물론 드림 킬러는 사람들의 주문이 진정한 것인지 확인하기 위해 나타나기도 하지만 진심으로 자신의 인생을 살아가겠다고 마음먹을 때도 나타나. 그럴 경우, 아직 본래 설정한 인생을 살아가는 데에 익숙하지 않기 때문에 당황하거나 휘말리게 되는 거야."

"그때는 어떻게 해야 합니까?"

"자신이 하고 싶은 것을 하기 위해 도전했다가 성공을 했던 체험을 떠올리는 거야! 그런 건 누구에게나 있으니까. 네게도 있을 거야. 그 인도네시아 체험도 그렇잖아!"

"인도네시아…? 아! 그러고 보니!"

무리일 것 같은데
정말 괜찮겠어?

그것은 내가 아직 의류 사업을 하기 전, 스물다섯 살 때의 이야기다. 의류 판매점에서 점원으로 일하다가 그만두고 하고 싶은 것을 찾아 방황하던 나는 우연히 발리섬의 잡화점을 방문하게 되었다.

"아, 이 느낌이야!"

나는 어렸을 때부터 묘하게도 몽골이나 티베트, 인도네시아 등에 관심이 많았다. 어른이 된 이후에도 "당신은 전생에 티베트에 있었습니다."라는 말을 들을 정도로 신기한 인연을 느끼고 있었다. 그래서 이렇게 생각했다.

'그래! 평범한 양복점이 아니라 인도네시아 천연 염색물로 만든 옷을 구입해서 판매하는 상점을 열자. 내가 직접 구입을 하려면 일단 인도네시아어를 공부해야겠지?'

당시는 지금과는 달리 인터넷 같은 것이 없던 시대였다. 인도네시아어 습득이야말로 인생을 바꿀 수 있다고 생각한 나는 일단 당시에 유행하고 있던 영어 학원에 무작정 전화를 걸었다.

전화가 연결되자마자 "인도네시아어를 배우고 싶은데 그 학원에서 배울 수 있을까요?"라고 물었지만 "네? 영어가 만국 공통어인데, 영어를 배우는 낫지 않을까요?"라는 대답이 돌아왔다.

"안 됩니다. 발리섬은 인도네시아어를 사용하거든요. 발리섬 산기슭에 살고 있는 할머니들이 직접 염색한 옷감이 최고인데, 그걸 찾아서 수입하려면 반드시 인도네시아어를 할 줄 알아야 해요! 그곳의 할머니들은 영어를 할 줄 몰라요. 현지의 할머니들과 대화를 나누려면 반드시 인도네시아어를 배워야 합니다!"

그 염색물을 만드는 사람이 왜 반드시 할머니들일 것이라고 생각했는지는 모르지만 나는 그렇게 역설했다. 그 후 30~40곳의 학원에 전화를 걸었지만 인도네시아어를 가르치는 학원은 찾을 수 없었다.

마흔 몇 번째의 학원에 전화를 걸었을 때 그쪽에서 이렇게 말해주었다.

"아, 그러시군요. 흐음, 이건 학원 입장에서의 답변이 아니고 어디까지나 제 개인적인 의견입니다만 대사관에 연락을 해보시는 게 어떻겠습니까?"

"네? 대사관이요? 아, 그렇군요. 알겠습니다. 정말 감사합니다!"

나는 즉시 인도네시아 대사관에 전화를 걸어보았다.

"네. 매주 금요일 저녁에 유학생이 가르치는 인도네시아어 강좌가 있습니다."

그 순간, 나는 영화 〈록키〉처럼 두 손을 번쩍 치켜들었고 그 바람에 수화기를 떨어뜨리기까지 했다. 나의 집념이 통한 것이다.

당시 근무하고 있던 회사는 야근이 많았지만 상사에게 부탁해서 금요일만 정시에 퇴근할 수 있었고, 나는 그렇게 바라던 인도네시아어를 배우기 시작했다.

의욕을 꺾는 드림 킬러를 피하라

3개월간 인도네시아어 회화를 수강하고 초급 과정을 마쳤을 무렵, 인도네시아에서 일을 하고 있다는 일본인 여성 T씨가 인도네시아를 안내해 주겠다고 했다.

숙박 시설도 정하지 않고 인도네시아로 무작정 날아간 나는 T씨의 소개로 외국인이 거의 없는 지역의 현지인 가정에서 숙박을 했다.

그러나 3개월밖에 배우지 않은 나의 인도네시아어는 너무 서툴러서 하고 싶은 말의 10%도 전할 수 없었다. 현지인의 말도 전혀 알아들을 수 없어 몇 번이나 되물어야 했다. 상대방이 나와 의사소통을 포기하는 듯해서 이해한 척

하기도 했다.(결국은 들켰지만.)

상대방이 말을 걸어오면 "아, 지금 책을 읽고 있는 중이이서요.", "아, 지금 뭐 좀 생각하는 중이어서요."라고 괜스레 바쁜 척 피하는 상황에 이르다 보니 도대체 여기를 왜 왔는지 그 의미조차 알 수 없는 묘한 상황이 벌어졌다.

그러던 어느 날 사건이 발생했다.

"폭포 구경하러 가요."

T씨의 말에 이끌려 폭포에 도착한 순간 갑자기 T씨가 돌변했다.

"고이케 씨! 정말 이럴 거예요?"

"응? 무슨? 왜 화를 내시죠?"

지금 생각해 보면 그 사람은 그 당시 나를 찾아온 우주님 같았다…. 하지만 당시에는 그런 상상은 할 수조차 없었고, 그녀의 갑작스런 변화에 크게 당황했을 뿐이다. T씨는 나를 때리기라도 할 기세로 크게 화를 냈다.

"지금 뭐 하는 거예요? 3개월 동안 인도네시아어를 배웠다면서 사람들이 말을 걸어오는데 대화도 하지 않고 건성건성 대하면서 다른 생각이나 하고 있잖아요! 말을 할 수 있는가, 할 수 없는가는 관계없어요! 무엇을 전하고 싶은가 하는 것이 중요하다고요. 유창하게 말할 수 있는 내가

옆에 있으니까 서투른 어학 실력이 부끄럽긴 하겠지만, 그
것에만 사로잡혀서는 아무것도 못 해요."

마치 선생님처럼 내게 강한 말투로 채찍질하는 그녀.

"고이케 씨가 계속 그런 방식이면 이 폭포에 떼어놓고 나
혼자 돌아갈 테니 그리 알아요! 알았어요?"

"아, 아, 알겠습니다! 죄송합니다! 하겠습니다! 저, 최대한 노력해 보겠습니다!"

그러고는 마치 다시 태어난 사람처럼 사전을 펼쳐 보면서 서투른 인도네시아어로 현지인들과 대화를 나누었다. 나는 '하겠다'고 결심하면 최대한 열심히 노력하는 성격이다. 조금씩 의사소통이 되었고 귀도 점차 열리게 되어 사람들과의 교류가 즐거워졌다. 원래 분위기를 잘 타는 성격이라서 서서히 일본어를 섞은 개그도 선보였고, 귀국할 시점에는 관광지에서 언어 때문에 곤란해하는 일본인을 만나면 "아, 제가 통역해 드리지요."라고 나설 정도가 되었다. 이 모든 것이 T씨에게 폭포 앞에서 크게 혼이 난 덕분이다. 앞으로 그런 놀라운 경험이 또 있을까?

"아, 잠깐 회상에 젖었습니다. 그때 그 일, 우주님의 소행이지요? 지금 생각해 보면 정말 이상합니다."

"글쎄, 어떤 거 같아? 그보다 너는 본래 생각이 떠오르면 즉시 실행에 옮기는 성격이야. 이제 기억이 났지?"

"네, 확실히요."

"할 수 있는가, 할 수 없는가는 관계없어! 무엇을 하고 싶은가 하는 것이 중요해."

"아, 그 대사. 어디선가 들어본 것 같은데…. 어쨌든 저는 하겠다고 결정을 내리면 누가 뭐라고 하든 실행에 옮기는 성격이기는 합니다. 이번에는 주저하고 있지만…."

"대다수의 사람들이 새로운 일을 시작할 때는 주저하지. 그게 드림 킬러야. 인간의 뇌는 지금까지 해온 것들을 되풀이하려고 해. 게으른 버릇이 있으니까. 새로운 일은 위험한 것으로 포착해서 본인이 '반드시 하겠다', '누가 뭐라 해도 하겠다'고 결심하지 않는 한, 저항하게 되어 있어."

"그렇군요…."

"그러니까 지금 당장 각오를 정하라고! 할 수 있는가, 할 수 없는가에 얽매이지 말고! 돌다리를 두드리기 시작하면 그게 부서질 때까지 두드리게 된다고!"

역시 위험해.
건너지 않기를
잘했어.

"기회의 여신에게는 앞머리밖에 없다. Seize the fortune by the forelock."는 말이 있다. 기회가 오면 일단 붙잡으라는 뜻이다. 이와 마찬가지로 "이거, 해보면 어때?"라는 우주로부터의 힌트는 0.5초 안에 붙잡지 않으면 지나가 버린다. 그 후에는 생각만 많아져 점차 하지 않는 방향으로 흘러가는 것이 사람들의 나쁜 버릇이다.

무엇인가를 진심으로 하고 싶다고 생각할 때, 진심으로 각오를 정하고 우주에 주문을 냈다면 누구에게 무슨 말을 들어도 전혀 신경을 쓰지 않게 된다. 마음속에서도 "제대로 하지 못하면 어떡하지?"라는 불안은 생겨날 틈이 없다.

그런 불안이 생겨난다면 그것은 모두 드림 킬러다. 드림 킬러가 나타난다면 반대로 "아, 이건 내가 할 수 있는 일이야."라고 믿으며 안심하고 실행에 옮겨야 한다.

드림 킬러는 '나는 할 수 있다'라는 신호다. "할 수 있으니까 각오를 정하고 실행해! 진심 맞지?"라는 우주로부터의 확인과 응원이기도 하다.

그런데 일이 순조롭게 풀려나가기 시작하면 반드시 "괜찮아?"라고 걱정해 주는 대상이 다시 나타난다. 이것도 드림 킬러인데, 누군가를 신경 써 주는 것으로 '나는 다른 사람을 걱정해 주는 멋진 사람'이라는 자기만족이나 인정 욕구를 충족시키기 위한 사람의 등장인 경우도 많다.

"괜찮아?"라는 의문형 말에는 주의해야 한다. 이것은 상황을 염려하는 말이지만, 흑마술의 일종이다. 또 상대방의 힘을 약화시키고 조종하려는 말이기도 하다.

예를 들면, 오랜만에 만난 친구가 얼굴을 본 순간, "야, 너 괜찮냐?"라고 물어보았다고 하자. 어떤 기분이 들까? 그때까지 최고의 기분이었지만 "응? 왜? 어디 안 좋아 보여? 왜 그러지? 피곤해서 그런가?"라는 식으로 점차 피곤

해지는 느낌이 들 것이다. 연어회를 먹으려고 하는데 그것을 손가락으로 가리키며 "아, 그거 괜찮을까? 괜찮으면 상관없지만…. 아, 신경 쓰지 마."라는 말을 듣는다면 그 연어회를 맛있게 먹을 수 있을까? 기본적으로 "괜찮아?"라는 말을 자주 사용하는 사람이나 쓸데없이 걱정해 주는 사람은 피하도록 하자.

아, 그거 괜찮을까?
괜찮으면 상관없지만….
아, 신경 쓰지 마.

히히히

"괜찮아."라는 말은 약간 신기하다. 긍정문으로 사용하면 자신을 격려하는 최고의 마법 같은 말이지만 마지막에 물음표를 붙여 의문형을 만들면 대답하기 힘든 질문이 되어 상대방의 힘을 빼앗는 마법이 되기도 한다.

"괜찮아?"라는 말을 들었을 때를 생각해 보자. 왠지 모르게 "응, 괜찮아."라고 대답하지 않으면 안 되는 듯한 느낌이 들지 않는가? 반대로 "괜찮아?"라고 물어보는 사람은 왠지 모르게 "괜찮지 않아."라는 말이 돌아오기를 기대하는 것처럼 보이지 않는가?

또 자신이 보통 누군가에게 "괜찮아?"라고 물어보는 버릇이 있다면 그것은 상대방을 배려하는 것처럼 보이지만 사실은 상대방에게 '괜찮지 않기를 바란다'는 주문을 걸고 있다는 사실을 깨달아야 한다.

"괜찮아."는 상대방을 긍정하고 격려할 때에만 사용하도록 하자.

많이 컸네!

그리고 "당신이 걱정되어서."라는 말을 자주 하는 사람은 정말로 걱정하는 것이 무엇인지 본인 스스로 진지하게 생각해 보아야 한다.

다른 사람에게 "당신이 걱정되어서."라고 말할 때 걱정의 대상은 사실 자기 자신이다.

느낌이 좋은 상대나 자신과는 다른 길을 걸으려 하는 사람을 보고 '자신을 두고 가지 않을지 걱정'이 되거나 애당초 상대방을 자신이 생각한 대로 조종하고 싶어서 '걱정'을 이용하는 경우도 있다!

중요한 것은 진심으로 다른 사람을 걱정할 때에는 본인의 문제는 신경 쓰지 않는다는 점이다. 따라서 이 말을 자주 사용하고 있다면 다른 사람을 걱정하는 것보다 스스로에게 더 신경을 쓰는 게 낫다!

10

모든 것을 대상으로
"좋아!" 버튼을 눌러라

**인생이 뜻대로
풀리는 기적의 말**

모든 것을 향해 좋다고 외치기

인도네시아에서의 경험 이후 나는 마음 놓고 우주의 구조와 말버릇에 관한 강좌 개발에 도전했다. 물론 처음에는 시행착오도 있었지만 차츰 수강생에게 필요한 것이 뭔지 알게 되었고, 나름의 카운슬링 과정도 확립할 수 있었다.

우주의 구조나 사람의 심리 문제와 그 해결 방법을 탐구하고 전달하고 또 입력하고 출력하는 과정을 반복하면서 나 자신이 업그레이드되는 느낌도 받았다.

나는 이런저런 경험을 통하여 나름 흥미로운 인생을 걸어왔다는 사실을 깨닫고 모든 일에 "좋아!"라고 말하는 습관을 갖게 되었다. 이전에 우주님이 "모든 것이 너 자신이라고 생각해 봐."라고 알려준 것도 있어서 눈에 보이는 모든 사람을 칭찬했다.

재미있게도 인생이 내 생각대로 풀리지 않을 때에는 무엇을 보아도, 누구를 만나도 "저거, 왠지 느낌이 나쁘지 않냐?", "저 사람, 문제가 있어 보이지 않냐?"라는 식으로 말했지만 내 인생이 예정한 대로 흘러가고 있다고 이해하자 말이 완전히 바뀌었다.

말을 바꾸면 우주로 발신되는 주문이 바뀌고 행동이 바뀌며 자신이 예정했던 여정으로 돌아올 뿐 아니라 업그레이드도 가능해진다. 그리고 인생이 좋은 방향으로 흘러가면 신기하게도 부정적인 말은 입 밖으로 나오지 않는다. 어느 날, 우주님에게 그 이유가 뭔지 물었더니 "그야, 달걀이 먼저냐 닭이 먼저냐와 비슷해."라는 대답이 돌아왔다.

"그렇군요."

"인생이 뜻대로 풀리지 않는 사람은 인생을 바꾸려 하기보다는 사용하는 말을 바꿔야 해. 어쨌든 모든 것을 긍정적으로 봐야 하는 거야. 눈에 보이는 모든 것에 '좋아!'를 연발하는 것은 기적을 일으키는 가장 강력한 말버릇이야."

좋다고 말하기 때문에 좋은 일이 발생한다

우주는 선악의 판단을 하지 않는다. 단지 사람들이 하는 말, 우주에 발산되는 에너지를 증폭시킬 뿐이다.

나는 빚더미에 앉아 눈물, 콧물을 쥐어짜고 있는 히로시에게 가장 먼저 "고맙습니다."를 5만 번 이상 말하라고 가르쳐주었다. 말로 표현한 것은 반드시 '발생'하기 때문이다. 이것은 선불을 지불하는 것과 같다.

고마운 일이 일어나니까 "고맙습니다."라고 말하는 것이라고 생각하는 사람들이 많지만 실제로는 반대다. "고맙습니다."라고 말하기 때문에 현실에 '고마운 일'이 일어나는 것이다.

그렇기 때문에 주문은 항상 과거형으로 말해야 한다. 우주가 거기에 맞추어 움직이니까.

"좋아!"에도 강력한 주문의 힘이 들어 있다. 구체적인 꿈이나 목표가 떠오르지 않을 때에도 "좋아!", "그거 좋은데!"라고 말하자.

눈에 보이는 모든 것을 긍정하는 것으로 당신의 존재와 말이 모두 긍정되어 실제로 좋은 일들이 잇달아 현실에서 발생한다. 반대로, "그거 안 좋은 것 같은데?"라거나 "아니, 그건 아냐."라는 식으로 뭐든 부정하는 말버릇이 있는 사람은 주의해야 한다. 그것이 전부 현실로 나타나게 되니까.

당신에게 일어나는 모든 일의 근원은 당신이 입 밖으로 내보낸 주문이다. 우주는 "이게 필요했던 거지?"라고 당신이 말한 것의 결과물을 경험하게 해주는 데에 대만족을 느낀다는 것을 기억하자.

나는 평소에 "좋아!", "그거 좋은데!"가 말버릇이 되었다. 무슨 말을 들어도 "좋아!", "그거 좋은데!", 어떤 것을 보아도 "좋아!", "그거 좋은데!"라고 한다.

하루 종일 "좋아!", "그거 좋은데!"를 연발할 때도 있다. "고맙습니다."와 마찬가지로 "좋아!", "그거 좋은데!"를 연발하면 정말 '좋은' 일들이 일어난다!

우주에 소원을 주문할 때에는 명확하게 종이에 적어서 말로 표현하는 게 가장 강력한 방법이다. 하지만 구체적이지 않더라도 추상적으로도 인생이 잘 풀리는 방법이 있다면 그것은 역시 말버릇을 바꾸는 것이다.

"왠지 마음에 안 들어.", "왠지 느낌이 안 좋아."라는 부정적인 생각이나 말버릇은 모두 바꿔야 한다.

"왠지 마음에 드는데."

"왠지 느낌이 좋아."

간단하지 않은가?

하지만 결과적으로는 엄청난 차이를 낳는다.

많이 컸네!

한계를 정하지 않는 '좋은 느낌'에 해당하는 말은
자신이 주문한 모든 소원을 강력하게 지원해 주는
최강의 지원자가 되어준다.

이것은 자신뿐 아니라 자신의 주변에도 영향을 끼친다. '왠지 느낌이 좋은' 현실이 펼쳐지는가, '왠지 느낌이 나쁜' 현실이 펼쳐지는가 하는 것은 늘 '자기 하기 나름'이라는 말이다.

어떤가? 이런 말을 듣고 있는 것만으로도 왠지 느낌이 좋지 않은가?

11

"쯧쯧!", "휴!"는
마이너스 에너지

주문을 강제로
종료시키는 말버릇

불행을 가져오는
최악의 주문

어느 날, 통장 입금 내역을 확인하기 위해 은행에 갔을 때의 일이다. ATM기 앞에 사람들이 줄을 서 있었다. 차례를 기다릴 때도 나는 "좋아! 이렇게 줄을 서서 차례를 기다리는 것도 좋아."라고 마음속으로 중얼거렸는데, 앞에 있는 아저씨가 그 앞사람을 보고 혀를 찼다.

"쯧쯧! 왜 이렇게 꾸물거려."

그때 내 머리 위쪽에 있던 우주님이 얼굴을 있는 대로 찡그리면서 '쉭!' 하고 그 자리에서 사라졌다.

그 아저씨는 자기 차례가 되어 통장 확인을 끝내고 밖으로 나갔다. 그 자리에 있던 사람들은 왠지 모르게 기분이

나빠졌고, 나도 그런 상황에 대해서는 "좋아!"라는 말을 하고 싶은 마음이 들지 않아 조용히 통장을 정리하고 밖으로 나왔다.

'순식간에 분위기가 무거워졌어.'

그렇게 생각하면서 은행을 나와 주차장으로 가자 조금 전 혀를 찬 그 아저씨가 얼굴이 벌게져서 화를 내고 있었다.

"젠장! 열쇠를 안에 두고 잠가버렸네! 아, 스마트폰도 차 안에 있잖아! 어떻게 하지? 젠장! 젠장!"

우주님보다 입이 더 험한 그 아저씨는 아무래도 자동차 안에 스마트폰과 열쇠를 놓아둔 채 문을 닫아버린 듯했다.

"'쯧쯧!' 하고 혀를 차는 행위는 지구상에서 가장 흉악한 흑마술과 같아."

문득 정신을 차려보니 어느 틈에 내 머리 위로 돌아온 우주님이 그렇게 말했다.

"너도 예전에는 쓸데없이 혀를 자꾸 차서 쥘부채로 꽤 얻어맞았지?"

"아… 그건 기억하고 싶지 않은 어두운 과거입니다."

나는 빚더미에 앉아 있던 과거의 그 고통스러운 경험들

을 머릿속에 떠올렸다.

빚더미에 앉아 있던 그 시절, 의류 판매점을 운영하던 나는 그날도 가게를 지키고 있었다. 하지만 걸려오는 전화는 빚을 독촉하는 것들뿐이었고, 가게에는 아무도 찾아오지 않아 파리만 날리는 상황이었다. 내 마음은 초조감과 불안감으로 가득 찼다.

'딸랑딸랑!'

그때 기다리고 기다리던 손님이 찾아왔다. 젊은 여성인데 연인에게 줄 생일 선물을 찾고 있다고 했다. 그 여성 고객은 잠시 가게 안의 옷들을 살펴보더니 내가 추천한 멋진 스타일의 코트를 들고 계산대로 다가와 "이거 주세요."라고 말했다.

'됐어! 이것으로 내일 급한 불은 끄게 되었어.'

내일 급히 갚아야 할 돈을 생각하며 그렇게 생각하고 있는데 여성 고객이 이렇게 말했다.

"신용카드로 결제해 주세요."

"네! 알겠습니다!"

물론 얼굴 가득 미소를 띠고 응대했지만 여성 고객이 가게를 나간 뒤에 나는 무의식중에 한숨을 내쉬고 혀를 차면서 이렇게 말했다.

"쯧쯧! 신용카드로 계산을 하면 내일 돈을 갚을 수가 없잖아."

그때였다.

가게 안에 검은 연기 같은 것이 소용돌이치듯 몰아치면서 부풀어 올랐다.

"히로시, 너 지금 뭐 하는 거야?"

그리고 그때까지 본 적 없는 험악한 표정의 우주님이 등장했다.

"우주님? 뭐가 잘못됐나요? 아, 혹시 제가 혀를 찬 것 때문인가요?"

"히로시, 더 이상 무슨 말을 해줘야 할지 모르겠다. 혀를 차는 것만큼은 나도 어떻게 할 수가 없으니까."

"그게… 무슨 말입니까?"

"네가 직접 실감해 보라고."

우주님은 그 말을 남기고 사라져 버렸기 때문에 나는 초조해서 견딜 수 없었다.

잠시 후, 가게 전화가 울리고 빚쟁이들로부터 잇달아 독촉 전화가 걸려오기 시작했다.

"아, 네. 죄송합니다. 반드시 갚겠습니다."

한동안 나는 정신없이 독촉 전화들에 대응해야 했다. 그리고 독촉 전화가 끊겼을 때 경직된 표정을 한 남성 고객이 들어왔다.

"어, 어서 오십시오."

나도 모르게 기어들어 가는 듯한 목소리로 인사를 하자 그 남성 고객이 이렇게 말했다.

"이 코트를 판 사람이 당신이에요?"

남성 고객의 손에는 조금 전 여성 고객이 구입한 코트가 들려 있었다.

"아, 그 코트, 저희 상품 맞습니다!"

"아무리 생각해도 나한테는 어울리지 않은 듯해요."

"네?"

"당신이 교묘한 말장난으로 억지로 구입하게 한 거 아닙니까?"

"네? 아니, 그게… 그럴 리가요…."

"아, 죄송하지만 이 코트, 반품해 주세요!"

뒤따라 들어온 여성 고객이 미안한 표정으로 신용카드를

내밀었다.

"아, 네, 알겠습니다."

'뭐야! 이렇게 되면 다음 달 수입도 꽝이네!'

그날은 결국 맥빠진 기분으로 가게를 나왔다. 그런데 가게를 나온 순간 비가 내리기 시작했을 뿐 아니라 가게에 물건을 두고 나와서 다시 되돌아가는 산만한 상황들이 이어졌다. 집으로 돌아온 나는 발포주를 손에 들고 한숨을 내쉬었다.

"휴…."

"히로시, 그러니까 내가 아까 말했지?"

갑자기 우주님이 나타났다.

"이 일들이 모두 혀를 찼기 때문입니까?"

"그렇지! 혀를 차는 건 인생을 어둠 속으로 밀어넣는 무서운 저주야! **주문을 모두 제로 상태로 만드는, 강제로 종료시켜버리는 버튼이라고!** 잘 들어, 두 번 다시 혀를 차는 행동은 하지 마!"

"네! 알겠습니다!"

나는 그 이후 혀를 차는 행동은 절대로 하지 않게 되었다.

"아, 그렇네요. 그 이후로는 절대로 혀는 차지 않았습니다. 아니, 무서워서 찰 수가 없습니다! 그러고 보니 새삼 궁금해지는데, 혀를 차는 행위가 왜 그렇게 나쁜 거죠?"

"그야, 자신이 발산한 에너지가 우주에 주문으로 전달되고 그대로 증폭되어 자신에게 되돌아오기 때문이지."

분노와 스트레스로
돌아오는 말버릇

혀를 차는 행위는 최악의 주문이라고 생각해야 한다. 혀를 차면 우선 그 장소의 분위기 전체가 어두워진다. 그리고 혀를 찬 사람에게는 정말 혀를 차고 싶은 그런 나쁜 일이 연이어 발생한다. 그것이 우주의 법칙이다.

왜 혀를 차면 안 될까?

인간의 입에서 나오는 소리 중에는 독특한 마이너스 에너지를 가진 소리들이 있다.

우선 한숨이 그렇다. 입에서 나오는 한숨에는 당연히 스트레스가 실려 있다.

다른 사람에게 조용히 하라고 발산하는 '쉿!'도 마찬가지다. 이것 역시 약간의 스트레스가 실린 상태에서 다른 사람의 입을 막기 위해 발산하는 소리다.

그리고 마지막으로 혀를 차는 소리인데, 혀를 차는 소리에는 스트레스뿐 아니라 자신이 직접 처리할 수 없다는 분노의 에너지가 실려 있다.

혀를 차는 소리는 우주로 보내는 주문이 되고 증폭되어 자신에게 돌아오는 것이다. 다시 말하면 혀를 차는 행위는 결국 자신에게 분노와 스트레스를 더 보내달라는 주문이 되어버린다.

언어가 되지 않는 혀끝소리, 혀 차는 소리는 초조감이나 스트레스를 발산할 때에 사용한다. 그렇기 때문에 매우 부정적인 에너지가 주문이 되어 우주로 날아간다. 그리고 그것은 전혀 예상하지 못한 거대한 천둥, 벼락이 되어 돌아온다.

이른바 혀를 차는 행위는 폭풍우를 부르는 고약하고 나쁜 버릇이다.

응? 믿어지지 않는다고? 정말이다. 절대로 해서는 안 되는 행위다. 그야말로 무서운 천둥, 벼락이 되어 돌아오니까!

덧붙여, 혀를 찰 때의 상황을 생각해 보면 대부분의 경우 자신이 먼저 초조감을 느끼거나 즐겁지 않아 혀를 차고 싶은 상황을 만들고 있는 경우가 많을 것이다.

그러나 "고맙습니다.", "좋아!"를 입에 달고 있으면 정반대의 세상과 연결된다.

예를 들어 거리가 차로 정체되어 약속 시간에 늦어

많이 컸네!

질 것 같은 경우에 혀를 차고 싶어진다면 "고맙습니다!"라고 말해보자. 그렇게 하면 뇌가 "응? 뭐가 고맙다는 것이지?" 하고 생각하기 시작한다.

나아가 미리 "차가 정체되면 묘하게 상담이 잘 이루어진다."는 식으로 나름대로 긍정적인 설정을 해두면 최고다! 그야말로 우주로 최고의 주문을 내는 프로 선수라고 할 수 있다!

하지만 그런 상황에서 습관적으로 혀를 차게 되면 엄청난 스트레스가 우주로 전달되고, 그것이 더욱 크게 증폭되어 되돌아온다.

말버릇, 입버릇은 이렇게 무섭다!

나쁜 말버릇과는 이제 안녕! 안녕! 안녕!

2부

진짜 승부는
지금부터다

12

돈을 내 편으로
만드는 말버릇

감사와 돈의 고리가
함께 돌아간다

순항을 계속하는 비법이 있다

우주의 구조와 법칙을 소개하는 내 책은 발매한 지 몇 개월 만에 베스트셀러가 되었다. 가게에도 문의 전화가 증가했고 매상도 쭉쭉 올라갔다. 또 나는 빚을 지고 있던 당시에는 아무에게도 말할 수 없었던 나의 빚 이야기를 전국에 알리는 보기 드문 경험을 했다. 그리고 책을 읽은 사람들이 강좌에 연이어 찾아와 주었다.

"봐, 말한 대로 되었잖아."

우주님은 그 어느 때보다 더 우쭐한 표정이었다.

"정말이네요. 정말… 전부 이루어졌네요."

그렇다. 내가 빚을 갚고 있는 동안 우주에 주문한 것들이 기적처럼 모두 이뤄졌다.

- 가족들과 1년에 한 번은 해외여행을 간다.
- 토요일과 일요일은 쉬면서 가족과 함께 지내지만 매상은 꾸준히 상승세를 보인다.
- 도쿄에서 강연 활동을 하고 책을 출간한다.

아, 그리고 "빚을 모두 갚으면 아내가 좋아하는 하와이로 가족여행을 간다."는 바람도 이룰 수 있었다.

이뿐만 아니라 토요일과 일요일에도 쉬지 않고 일을 하고 거기에 아르바이트까지 하면서 벌었던 수입의 몇 배, 몇 십 배나 되는 수입을 올릴 수 있었다.

"좋아! 이제부터가 승부야!"

내가 만족스런 모습을 보이자 우주님이 그렇게 말했다.

"이, 이제부터가 승부라고요? 아직도 승부가 나지 않았습니까?"

"뭐? 너, 무슨 헛소리냐? 이제 간신히 지구로 오기 전에 계획한 인생 여정으로 되돌아온 것뿐인데. 자칫 방심하면 앞으로 20억의 빚을 질 수도 있어."

"네? 아직도 그런 위험이 있나요? 그, 그럼 어떻게 해야 합니까? 뭐든 할 테니까 가르쳐주십시오."

"좋아, 가르쳐주지. 우선 돈을 사용하는 방법이야. 필사적으로 빚을 갚아야 했던 시절의 너는 돈을 사용하는 방법을 거의 모르는 초보자였으니까. 잘 들어! 인생의 여정이 원래 예정한 대로 돌아왔을 때가 중요해. '내 인생은 왠지 잘 풀리는 것 같아.'라는 생각이 들지? 하지만 그런 생각이 들기 시작했을 때에는 하향 조정되어 있던 인생 여정과 본래 자신의 여정이 아직 교차되어 있는 상태야. 따라서 네가 본래의 여정으로 돌아와 그 즐거움을 만끽할 수 있게 되었을 때, 이때야말로 네가 진심으로 기뻐할 수 있는 대상에만 돈을 써야 해! 진심으로 '잘했다'고 생각할 수 있는 대상에 쓰는 돈은 행운을 불러일으키는 풍요로움의 원천이 돼. 그러니까 사용할 때마다 '고맙습니다!'라는 말이 저절로 나오는 일에만 돈을 쓰는 거야. 알아들었어?"

"진심으로 기뻐할 수 있는 대상에만 돈을 사용한다…. 알겠습니다! 해보겠습니다!"

"잘 기억해! 수중에 돈이 있다고 해서 함부로 돈을 사용하면 너는 다시 빚더미에 올라앉을 수 있는 거야!"

"그, 그것만큼은 제발!"

인생이 순항할 때가 진정한 승부의 순간

누구나 자신의 인생이 호전되기를 바란다. 지금까지 힘든 환경에 놓여 있었다면 더욱 그렇다. 하지만 인생이 잘 풀리기 시작했을 때는, 아직 하향 조정된 인생 여정과 본래 자신의 인생 여정이 뒤섞여 있는 상태다.

여기에 함정이 있다는 사실을 잊지 말아야 한다. 오늘은 어제의 연장이 아니다. 그렇기 때문에 자신이 본래 예정했던 인생을 살겠다고 결심하면 순식간에 해당 층으로 날아갈 수 있다.

단, 층을 이동한 이후 한동안은 층간 벽이 얇아져 있다는 사실을 알아야 한다. 따라서 생활이 호전된 세계에서 돈을 낭비하거나 도박에 빠지거나 유흥을 탐닉하게 되면 다시 아래층으로 되돌아온다. 최악의 경우 그보다 더 심한 아래층으로 추락할 수도 있다. 성공한 사람이 추락해 가는 이야기는 이렇게 탄생한다.

인생의 전제를 바꾸고 말버릇을 바꾸어 우주에 주문을 내고 행동해 왔다면 높은 층에 도달한 자신을 자랑스럽게 생각할 것이다. 그리고 그때야말로 새로운… 아니, 본래 자신이 예정했던 상황에 익숙하지 않아 마음이 들뜨기 쉽다. 어떤 사람들은 불안해서 지금까지 생활했던 층으로 되돌아가고 싶어 하기도 한다. "지금은 상황이 좋지만 이런 상황이 계속 이어질 리가 없어." 같은 말을 하면서 말이다.

인생이 잘 풀리기 시작했을 때 더욱 조심해야 하고
이때야말로 자기 자신과 진정한 승부를 내야 한다.

이제 이 지구상에서 지배적인 낡은 가치관, 전제 등과는 완전히 결별하고 자신의 영혼을 새로운 가치관으로 채워야 한다.

히로시의 경우를 예로 든다면 십수 년 동안 매일 빚에 쪼들리면서 생활했다. 두 번 다시 그런 생활로 돌아가지 않으려면 일이 잘 풀리기 시작했을 때야말로 돈을 낭비하지 말고 철저하게 적절한 지출을 해야 한다.

그렇게 하려면 일단 "돈은 좋은 거야!", "돈은 늘 내 곁에서 나를 행복하게 만들어주는 존재야."라는 생각이 들 수 있는 대상에만 돈을 사용해야 한다.

돈을 사용하면 행복해질 수 있다, 돈이 행복을 안겨준다는 사실을 매일 실감하면 금전에 관한 개념은 완전히 바뀌고 두 번 다시 빚에 쪼들리는 아래층으로는 돌아가지 않을 수 있다.

이 법칙은 이직을 하는 경우든, 연애를 하는 경우든 마찬가지로 작용한다.

우주에 "내가 행복하다고 느끼는 일을 하게 되었다."라고 주문을 내고, 그것이 이루어지면 "하지만 여기는 사실 직장 내 괴롭힘이 심한 곳일 수도 있어.", "보너스가 제대로 나오지 않을지도 몰라."라는 걱정 따위는 하지 말아야 한다. 그저 "이 멋진 직장은 내게 정말 잘 어울려."라고 매일 반복해서 생각하고 말하면 된다.

우주에 "나를 소중하게 여겨주는 사람이 생겼어."라고 주문을 냈다면 자신을 소중하게 여겨주는 상대방에 대해 "혹시 나중에 마음이 바뀔지도 몰라."라거나 "어쩌면 내게 등을 돌릴지도 몰라."라는 생각은 의식적으로 차단하고 "오늘도 나는 사랑을 받았어. 정말 행복해.", "이 멋진 사람은 내게 정말 잘 어울려."라고 말해야 한다. 그렇게 하면 아래층과의 벽이 점차 단단해져 새로운 층에 계속 머무를 수 있게 된다!

빚에 쪼들리던 시절, 나는 하루를 사는 것이 정말 고통이었다. 그저 매일 "앞으로 하루만 더 살아보자." 라고 생각하면서 버텼지만 그 하루가 정말 힘들었다. 하지만 그럴 때 우주님이 나타나 이렇게 말해주었다.

"오늘 찾아와 준 손님을 소중하게 여기지 않으면 밝은 미래 따위는 없는 거야."

그 이후, 우리 가게를 찾아와 준 손님은 정말 진심을 다해 대했다. 그 손님의 만족이 또 다른 손님을 부르고 나아가 나의 행복한 미래와도 연결된다는 것을 알았다.

그렇다. 오늘이라는 날은 특별한 날이다!

사실 인생이 잘 풀리지 않는 사람들 대다수는 과거를 후회하거나 과거에 발생한 일에 관하여 고민을 한다. 그리고 발생하지도 않은 미래를 두려워하고 불안감을 안고 살아간다. 하지만 이건 난센스다!

어제라는 하루는 이미 지나갔다!

많이 컸네!

그리고 내일이라는 하루는 아직 찾아오지 않았다!

눈앞에 있는, 무엇이든 할 수 있고 눈으로 확인할 수 있는 날은 오늘뿐이다!

하루를 시작할 때에는 "오늘도 최고의 하루였어."라고 미리 선언을 하자.

그리고 오늘이라는 하루를 어떻게 보낼 것인지, 거기에만 집중해서 최고의 하루를 만들기 위해 살자. 그렇게 하면 신기하게도 후회나 고민 따위에 낭비할 시간이 없어진다. 평생을 행복하게 사는 비결은 단 하나, 오늘을 행복하게 사는 것이다!

지구로 찾아온 날부터 우주로 돌아가는 날까지 우리는 줄곧 '오늘'을 잘 살아가면 된다!

13

돈은 항상 당신을
지켜보고 있다

행복한 돈 일기를
매일 써라

돈과 서로 사랑하는 사이가 되라

　그 이후 나는 우주님의 가르침대로 지금까지보다 훨씬 더 돈을 소중히 여기게 되었다. 물론 일일 정산을 한 뒤에 지폐 한 장 한 장에 "고맙습니다."라는 감사 인사를 했고, 돈을 쓸 때에는 마음속으로 "잘 가! 가서 친구들 많이 데려와."라는 말을 잊지 않고 했다. 돈을 은행에서 찾을 때에도 딱 필요한 금액만 인출하고 반드시 통장에 그 용도를 기입하는 일을 빼먹지 않았다.

　그 이유는 우주님으로부터 이런 말을 들었기 때문이다.

　"잘 들어! 네가 사용한 돈이 누구를 기쁘게 하고

어떤 장소로 갔는지, 무엇을 이루게 해주었는지,

항상 확인할 수 있게 해두어야 해!"

빚을 모두 갚은 이후 나는 큰돈을 사용하는 데에 주저하하곤 했다. 그것을 '필요한 선불'이라고 생각하면서도 "내게 어울릴까?" 하며 고민하는 내가 존재했다. 하지만 사용한 돈의 내역을 통장에 기입하는 일이 일상이 되었을 즈음, 그 감각이 조금씩 변해갔다.

통장에 기록되어 있는 것은 **돈이 가져다준 행복의 기록**이었다. 이렇게 성실하게 기록을 하는 한, 쓸데없는 낭비는 없을 것이라고 여겼다.

그리고 통장을 열 때마다 행복한 기분을 거듭 체험할 수 있었다. 나의 통장은 '행복한 돈 일기'였다.

"아, 이때 찾은 돈으로 가족과 함께 여행을 갔었지. 그래, 정말 재미있었어. 돈님, 정말 고맙습니다."

"아, 이때 인출한 돈으로 롤렉스시계를 구입했지. 지금 내 손목에 감겨 있는 이 롤렉스시계! 아, 행복해! 돈님, 고맙습니다!"

내가 돈을 사용하는 방법은 완전히 바뀌었다. 정말로 필요하다고 생각하는 것이나 내가 진심으로 기뻐할 수 있는 대상에는 아낌없이 돈을 썼고 그렇지 않은 경우에는 쓰지 않았다.

"오늘도 정말 고맙습니다."

금전 등록기의 돈을 상대로 하나하나 감사 인사를 전하고 있을 때였다. 작은 쌀알 정도의 벌레가 눈앞을 날아가더니… 갑자기 날개가 떨어지면서 그 안에서 환하게 빛나는 무지개색의 무언가가 튀어나왔다.

번쩍!

"응? 우주님이세요? 우주님이 벌레였습니까?"

"한번 해보고 싶었어."

그것이 나의 두 번째 '빛' 체험이었다.

황금 벌레 우주님은 이렇게 말하는 것 같았다.

"고맙습니다. 저를 소중하게 사용해 주어서 고맙습니다. 행복한 추억으로 바꾸어 주어서 고맙습니다."

나와 돈은 인생의 가장 강력한 파트너가 되었다.

돈을 행복하게 쓰는 방법에도 익숙해질 무렵, 내게 롤렉스시계보다 더 큰 쇼핑을 하는 날이 찾아왔다. 계기가 된 것은 나의 책 편집자가 건네준 한 권의 책이었다.

우에노 긴타로上野金太郎가 쓴 《메르세데스 벤츠는 왜 선택을 받는가?なぜ、メルセデス·ベンツは選ばれるのか?》 안에 있는 한 문장을 발견하고 가슴이 뜨거워졌다.

"메르세데스는 나날이 성장하기 위해 노력하고 자신의 꿈을 좇는 사람들이 타는 자동차다. 성공한 사람이 타는 자동차가 아니라 성공하기 위해 타는 자동차다."

"멋진 말이야!"

애당초 시계나 자동차 등의 기계를 좋아하는 이과 계열 소년 히로시. 성공을 한다면 타고 싶은 자동차 중에 당연히 벤츠도 포함되어 있었다. 하지만 주저하는 마음도 있었다.

'벤츠는 부의 상징 같은 느낌이 있는데, 그런 고급 승용차가 내게 어울릴까?'

그런데 이 책을 읽고 나도 벤츠를 타는 사람이 되고 싶다는 생각이 들었다. 벤츠가 가지고 있는 가치의 본질은 그 안전성이다. 기업의 사장이나 연예인, 운동선수 등은 만약의 경우에 대비하여 자신을 지키기 위한 투자를 한다. 부자들이 가족들에게 벤츠를 사주는 것도 안전성을 고려하기 때문이다. 사업을 하는 친구도 나에게 "그렇지. 그건 상식이야."라고 말해주었다.

"사장이 벤츠를 탄다고 해서 낭비를 하는 건 아니야. 그건 자신에게 어울리는 가치를 부여하기 위해서기도 하고 자신이 서야 할 필드에 서기 위해 그 에너지를 갖추는 것이지. 자신이 근무하는 회사의 사장이 당장 폐차해도 될 듯한 고물 자동차를 타고 다닌다면 사원들은 '이런 회사를 믿고 일해도 되는 것일까?' 하고 생각하지 않겠어? 즉, 벤츠를 타는 건 클라이언트나 사원들을 위한 일이기도 한 거야."

"그런가? 나는 사장이나 회장들이 자신을 과시하기 위해 타고 다니는 것으로 생각했는데 그게 아니구나."

"그게 무슨 가난뱅이 마인드냐?"

"그런 세상은 전혀 모르고 있었어!"

그러자 우주님이 싱긋 미소를 지으며 이렇게 말했다.

"오, 너도 마침내 황금 필드에 서는 날이 찾아왔구나."

"네? 황금 필드요?"

"그래. 우주에는 황금 벌레를 기르는 사람들이 모이는 필드가 있어. 네가 처음 롤렉스시계를 샀을 때도 그 필드에 살짝 접근했지. 그 덕분에 너의 그릇이 커졌잖아. 그러고는 정말로 마음이 풍요로움을 느낄 수 있는 대상에만 돈을 사용하기 시작했지. 그러니까 너는 이미 그 황금 필드의 일원이라고 볼 수 있어."

"뭔가 비밀결사 같은 느낌이 들어서 무섭습니다."

"빚더미에 눌려 고리대금업자들에게 시달리면서 살아가는 쪽이 훨씬 더 무섭지 않냐?"

"……."

"나는 네게 '누구에게나 자기만의 우주가 있다'고 가르쳐주었어. 우주에는 다양한 에너지 필드가 있고 거대한 우주가 만들어내는 특정한 에너지를 공유하고 있어. 황금 필드는 풍요로운 그릇을 가진 사람들의 영혼이 모여 그 풍요로운 에너지를 공유하고 상호 보완하여 높여가는 장소야."

황금 필드에서 풍요로운 에너지를 충전할 것

이 우주에 존재하는 것은 모두 에너지 그 자체다. 돈도 물론 에너지다. 이 지구상에서 에너지는 비슷한 것끼리 모여 공간과 물질을 공유하고 있다.

예를 들어 이 지상에 있는 높은 품질의 소재(에너지)를 사용하여 제작된 고급 브랜드는 그 브랜드의 존재 이유와 가치를 간파한 인간들에 의해 형성되는 높은 품질의 에너지 덩어리라고 할 수 있다.

"부자가 되고 싶다면 부자가 모이는 장소로 가서 부자들이 먹는 음식을 먹고 부자들이 소유하고 있는 것을 소유하라."는 이야기를 들은 적이 있을 것이다. 그것은 황금 필드에 서서 우주의 풍요로운 에너지를 접촉하라는 뜻이다.

단순한 허영심이나 가난한 사람들에게 과시하기 위해 그런 고급 브랜드들을 몸에 두르라는 것이 아니다.(물론 그런 사람도 있긴 하다.)

자신의 몸을 항상 황금 필드에 둠으로써 풍요로운 에너지를 충전하고 그 에너지를 사용해 풍요로움을 더욱 증가시키는 것이다.

　그렇기 때문에 만약 부자가 되고 싶다, 계속 부자로 살고 싶다고 생각한다면 자신이 있고 싶은 필드에 서서 그 에너지를 받기 위해 선금을 지불해야 한다. 빚 투성이의 히로시를 자극하여 롤렉스시계를 구입하게 한 이유도 그 때문이다. 우주는 항상 선불이라고 말했는데, 선불에는 그 필드에 서기 위한 입장료 같은 의미도 있다.

　물론 돈뿐 아니라 꿈을 이루고 이상적인 파트너를 만나고 싶을 때에도 우선 자신이 이상적이라고 생각하는 필드에 서야 한다. 행복한 결혼을 하고 싶다면 독신들의 필드에 서는 것보다 행복한 결혼 필드에 서서 그 에너지를 충전하는 쪽이 더 낫다.

　꿈을 이루고 싶다면 이미 그 꿈을 이루고 있는 사람들이 모이는 장소로 가서 꿈을 이룬 사람들의 에너지를 충전해야 한다. 그렇게 하면 자신도 그 에너지가 된다.

자신이 에너지 그 자체라는 사실을 깨달아야 한다. 오늘을 편하게 보낼 수 있는 장소에서 좋은 에너지를 충전하라. 그렇게 하면 자연스럽게 편한 장소에서 편한 마음으로 있게 된다.

자신이 좋은 에너지 그 자체가 되면 어떤 현상이 벌어질까? 마치 자신이 충전기가 된 것처럼 이번에는 좋은 에너지를 주변에 전파하고 보충해 줄 수 있다.

좋은 에너지를 충전하여 그것을 발산하다 보면 자연스럽게 긍정적인 말을 하고 긍정적인 주문을 하게 된다. 그리고 그런 사람들이 모이는 장소에서 내는 주문은 혼자만의 주문이 아니라 수많은 사람들의 기운이 모인 좋은 주문이 되어 보다 강력하게 우주에 전달된다.

우주는 에너지 증폭 장치이기 때문에 강력하게 전달된 에너지는 더욱 거대해진다. 그 결과, 기적은 당신의 삶에서 일상적으로 펼쳐진다.

만약 지금 초조하거나 불안하거나 불행하다고 생각한다면 그것은 잘못된 에너지를 충전하고 있는 것이며, 당신이 있는 장소도 본래 있고 싶은 장소가 아니라는 뜻이다. 따라서 지금 당장 그 장소에서 빠져나와 이동해야 한다.

돈은 항상 지켜보고 있다!

무엇을? 자신이 어떻게 사용되고 있는지를 지켜본
다는 말이다. 돈은 자신을 웃는 얼굴로 즐겁고 행복하
게 사용하는 사람에게 가고 싶어 한다. 반대로 "돈 때
문에 불행해.", "돈이 없어서 하고 싶은 것을 할 수 없
어."라고 인생이 뜻대로 풀리지 않는 이유를 돈 탓으
로 돌리고 돈을 나쁜 것으로 취급하는 사람에게서는
도망치고 싶어 한다.

이것은 인간관계도 마찬가지다. "당신하고 있으면
정말 즐겁고 행복해요."라고 말해주는 사람과 "당신
때문에 불행해."라고 말하는 사람, 어느 쪽과 가까이
하고 싶을까? 답은 간단하다.

돈도 똑같아서 자신을 소중하게 여기고 늘 미소를
지으며 사용하는 사람에게로 돌아가고 싶어 한다. 그
리고 바람직하게 사용할 줄 아는 사람들의 그룹에 있
고 싶어 한다. 이 그룹은 돈이 몇 번이나 돌아가고 싶

많이 컸네!

어지는 에너지의 순환을 만들어내는 사람들의 고리, 즉 부자들의 황금 필드다.

선불의 법칙은 약간 무리를 하더라도 황금 필드의 에너지를 받는 효과가 있다. 가령 풍요로운 에너지를 내뿜는 브랜드 제품을 갖추거나 대우가 좋은 5성급 호텔 로비에서 차를 마시는 것으로도 황금 필드의 에너지를 접촉할 수 있다. 언젠가 그들의 일원이 될 수도 있다. 따라서 그들의 풍요로운 에너지를 한껏 접촉해 보도록 하자.

14

해결할 수 없는 문제는
일단 우주에 맡긴다

우주의 법칙을
신뢰해야 한다

풍요로운
에너지가 모이는
황금 필드

어느 정도 시간이 흐른 뒤, 아내와 데이트를 하다 문득 눈에 들어온 자동차 매장에 들어가 보았다. 그때는 아내와 내가 가벼운 데님바지에 하얀 티셔츠를 걸치고 있었기 때문에 '벤츠를 구경하러 온 복장은 아닌 것 같다'고 생각했지만, 매장으로 들어서자마자 점원이 아내와 나의 롤렉스 시계를 확인하는 것이 예사롭지 않았다.

이전 같았으면 "아, 부자인지 확인하는 거구나.", "부자에게만 벤츠를 판매하려는 건가?"라고 왜곡하여 받아들였겠지만 황금 필드의 법칙을 알게 됨으로써 "당신은 충분히 벤츠를 구입할 자격이 있는 사람입니다."라는 말을 들은 듯한 느낌이 들어 기분이 좋아졌다.

'아, 나는 벤츠를 구입할 자격이 있는 사람이야.'

이런 허가를 나 스스로에게 내릴 수 있었다.

그날 벤츠를 구입하지는 않았지만 시승을 해본 것으로 벤츠가 갖추고 있는 안전성, 정신성에 마음을 완전히 빼앗겨 버렸다. 그날부터 내가 정말로 좋아할 수 있는 모델을 찾아 개발 비화나 역사, 개발자의 가치관 등을 하나하나 조사해 보았다. 그게 너무 재미있고 행복했다. 그러는 동안에 이런 생각이 들었다.

"그러고 보니 예전부터 나는 좋아하는 것이 있으면 점점 더 깊이 알고 싶어 하는 사람이었어."

그렇게 중얼거렸을 때 우주님이 나타나 이렇게 말했다.

"히로시, 이제야 네가 이 지구로 찾아온 여행의 목적을 기억해 냈구나."

"네? 제가 지구로 찾아온 목적이요?"

"이 지구는 에너지가 물질화되어 보이는 특별한 별이야. 네 영혼은 그 물질의 형태나 에너지의 흐름, 그 모든 것들의 구조가 어떻게 이루어져 있는지 좀 더 알고 싶어서 이 지구로 찾아온 거야."

"아, 왠지 그 말을 들으니까 기분이 좋아지는데요. 이해도 빠르고. 그렇군요. 저는 이 우주의 구조를 알고 싶어서, 체험하고 싶어서 지구로 찾아온 것이군요. 그리고 지금의 가족을 만나 행복하게 사는 방법을 선택한 거고요. 왠지 저 자신이 자랑스럽고 칭찬해 주고 싶습니다. 행복합니다."

우주님은 내 말을 듣고 만족스러운 미소를 지었다.

"너, 꽤 성장했다."

뜻밖의 따뜻한 말에 나도 모르게 감동해 "우주님이 따뜻한 말도 할 줄 아는지 몰랐네요. 왠지 그동안 속은 기분인데요."라고 말했다가 결국 또 쥘부채로 한 차례 얻어맞았다. 물론 이번에는 기분이 나쁘지 않았다.

아는 것과
체험하는 것은
전혀 다르다

그 이후 나는 원래 가진 천성적인 집중력을 유감없이 발휘했다. 새벽 4시에 방영되는 〈오기야하기의 애차편력 NO CAR, NO LIFE〉나 〈시타마치로켓〉 등의 프로그램을 찾아 분석하고, 틈만 나면 벤츠 한정판을 체크했다. 좋아하는 것을 마음껏 추구하는 나날이었다.

"아, 이 콕피트cockpit 같은 운전석에 앉으면 어떤 느낌일까?" 하고 상상해 보고는 싱긋 미소를 짓고, 좋아하는 스니커즈 통신판매 사이트를 둘러보고는 "아, 이 스니커즈의 멋진 디자인 좀 봐! 이 멋진 디자인을 안주 삼아 한잔하고 싶다!"라고 만족스러운 미소를 짓곤 했다. 롤렉스시계 한정

판을 찾기 위해 거의 매일 롤렉스 매장을 찾아다니던 그 기행을 다시 되풀이한 것이다.

좋아하는 것을 바라보고 있는 시간의 행복감은 말로 다 표현하기 어려울 정도다. 알면 알수록 지식욕도 왕성하게 증가한다. 우주 관련 서적을 닥치는 대로 읽고, 심리학이나 코칭에 관해서 더욱 깊이 배우고, 다양한 강좌를 수강하거나 연구하고, 아무런 제한도 없이 자유롭게 좋아하는 것을 탐구하거나 실천할 수 있게 된 것이다.

그로부터 얼마 지나지 않아 마침내 그렇게 고대하던 벤츠를 구입하는 날이 찾아왔다. 나의 소녀 같은 예민한 감성을 자극하는, 파란 스티치가 들어간 시트! 꿈속에서도 바랐던, 내게 가장 잘 어울리는 최고의 차량을 만난 것이다.

벤츠를 타고 우주님과 첫 드라이브를 했을 때 우주님은 이렇게 말했다.

"이봐, 히로시! 이 벤츠를 탄 기분이 어때?"

"기분이요? 그야 당연히 최고지요. 가족의 안전을 최고 수준에서 지켜주는 자동차를 구입했으니 아빠로서도 가슴을 펼 수 있지 않겠습니까? 그리고 이 벤츠가 가진 에너지를 느끼고 있으면 제 주변에 있는 사람들 모두가 풍요롭고 행복하게 살 수 있을 것 같은 느낌이 듭니다."

"호오, 꽤 거만하지만 마음에 들어! 이 지구에서의 여행에서 정말 중요한 걸 한 가지 가르쳐줄게. 뭐냐면, **알고 있는 것과 실행하는 것은 에너지의 질이 전혀 다르다는 거야.** 너는 이제 벤츠를 타봤어. 그건 벤츠를 탄 적이 없는 히로시와는 전혀 다른 사람, 다른 차원에서 살고 있다는 거야. 지구는 체험을 하는 별이야. 그러니까 직접 체험해 보지 않으면 의미가 없어. 몇 번이나 말하지만 지구는 행동하는 별이야. 정보를 아무리 많이 알고 있다고 해도 알고 있는 것과 실제 경험은 절대로 비교할 수 없어!"

"네, 어떤 말인지 알 것 같아요!"

그 이후 나는 내가 이 지구로 찾아온 목적도 이해하게 되었고, 매일 즐거워서 견딜 수 없을 정도로 행복하게 생활했다. 그리고 지금까지보다 훨씬 더 진지하게 우주의 법칙을 공부하기 시작했다. 관련 서적들을 읽고 인간 두뇌의 근원이나 심리 문제에 관하여 공부한 뒤 강연 활동이나 강좌에서 그 지식들을 활용했다.

누구나 이 지구상에 소중한 체험을 하러 찾아왔다. 그것은 정말 아름답고 소중한 일이다. 나는 매 순간 그것을 실감하고 있다.

일단 우주를
신뢰하고 맡겨라

　내 인생을 신뢰하게 되자 지금 눈앞에 발생하고 있는 모든 사건들을 신뢰할 수 있게 되었다.

　물론 인생이 잘 풀리기 시작했다고 해서 기분 나쁜 일, 왠지 뜻대로 풀리지 않는 일들이 전혀 일어나지 않은 것은 아니다. "아, 오늘은 운이 없었어."라고 중얼거리는 날도 있다. 하지만 그럴 때에는 그 말을 즉시 "됐어! 오늘도 소원이 이루어졌어."라고 정정하면 된다는 사실도 깨달았다.

　그런 식으로 지나치게 완벽에 집착하지 않아도 된다는 사실을 깨닫고 나는 점차 여유 있는 마음으로 살 수 있게 되었다. 그럼에도 가끔 마음이 나도 모르게 먼저 반응을 보이는 날도 있었다.

책이 출간되고 나서 얼마 지나지 않았을 때의 일이다.

"오, 히로시, 네 표정은 늘 미묘하기는 하지만 오늘은 특히 더 미묘해 보이는데… 왜 그럴까?"

우주님이 내 표정을 보고 물었다.

"흐음, 연락이 되지 않는 친구가 있어서요."

"아, 그래? 그거 잘됐네."

"네? 전혀 잘된 일이 아니죠. 신경이 자꾸 쓰여서…."

"그럴 때에는 일단 우주에 모든 것을 맡겨두라고."

"무슨 말입니까?"

"마음이 반응을 보일 때에는 일을 쓸데없이 큰 사건으로 부풀리거든. 그러니까 '일단 우주에 맡겨두자. 우주님, 잘 부탁해요.'라고 맡겨두면 되는 거야."

"네? 그렇게 무책임하게 방치해도 되는 건가요?"

"무책임하다니, 무슨 소리야? 그렇게 해야 하는 거야! 생각해 봐. 감정이 움직인다는 것은 냉정한 판단을 할 수 없다는 뜻이라고. 특히 밤에는 더 심해. 밤에 쓴 편지는 보내지 말라는 말이 있지? 감정에 사로잡혀 있을 때는 흥분 상태이거나 과잉 반응 상태일 때가 많지. 또는 자기방어가 강하거나 과거의 트라우마에 반응해서 올바른 판단이나 행동을 할 수 없는 거야."

"그렇군요. 확실히 그런 것 같습니다. 하지만 신경이 쓰이는 문제를 일단 우주에 맡겨두라니… 용기가 필요할 것 같기도 한데, 아닌가요? 어쨌든 즉시 해결하고 싶거든요."

"응? 조급증 환자도 아니고, 그게 뭐야? 무슨 일이든 즉시 해결하려는 생각은 버려야 해."

"네? 하지만 우주님은 늘 즉시 행동하라고 말하지 않았습니까?"

"이 멍청아! **자신이 감정적으로 반응하고 있을 때에 그 반사적인 행동을 멈추는 것도 중요한 행동이야.** 시험해 봐도 좋으니까 일단 우주에 맡겨봐."

우주님의 재촉에 나는 고민거리들을 종이에 적어서 접은 다음, "이 문제는 일단 우주에 맡깁니다."라고 선언했다.

그리고 며칠 후, 연락이 되지 않았던 친구로부터 전화가 걸려왔다.

"전화했는데 받지 못해서 미안해. 부모님 간병하느라 정신이 없어서 못 받았어. 그나저나 너 책 출간했던데! 그 우주인가 뭔가? 그거 잘 나갈 것 같더라."

그날 밤, 우주님이 험상궂은 표정으로 내게 말했다.

"그것 봐! 그러니까 우주에 맡겨두라고 했잖아."

"정말… 그렇네요."

"어쨌든 마음이 지나치게 반응할 때에는 대부분 자신의 마음속에서 무엇인가가 제멋대로 일어나고 있는 경우야. 가령 과거에 발생한 기분 나쁜 사건을 순간적으로 떠올리고 스스로를 책망하는 기분에 사로잡히는 식이지. 그럴 때야말로 우주에 해결을 부탁해야 해. 너의 돌머리로 아무리 깊이 생각한다고 해도 좋은 해결 방법은 찾을 수 없다는 사실을 알라고!"

"네, 알겠습니다!"

자신에게는 자신의 상황이 있듯 상대방에게도 상대방의 상황이 있다. 그렇기 때문에 문제를 항상 즉각적으로 해결하려고 할 필요는 없다는 사실을 기억하자.

인생이 계속 업그레이드된다

그 자리에서 해결할 수 없는 문제는 우주에 맡긴다는 습관이 갖추어진 이후 내가 할 수 있는 일과 나와는 관계없이 발생하는 일, 상대방의 문제 등을 확실하게 구분하게 되면서 나는 더 마음 편하게 생활할 수 있었다.

인생의 업그레이드가 계속 이어지던 어느 날, 우연히 나의 소년 시절의 꿈이 이루어지는 날이 찾아왔다.

나는 출판사가 주최하는 '저자와의 대화'를 진행하기 위해 전국 다섯 개 도시를 순회 중이었다. 홋카이도에서는 나의 책을 전철 안에서 읽고 있는 사람을 만나기도 했고, 센다이 이외의 지역에서도 이벤트에 참가 예정인 독자가 "아,

고이케 씨 아닌가요?"라고 내게 말을 걸어오기도 했다. 그렇게 내 인생에서의 칠전팔기의 경험이 누군가에게 도움이 된다는 사실을 알고 가슴이 뿌듯해지는 순간을 몇 번이나 경험할 수 있었다.

하카타博多에서의 일도 인상적이었다. 하카타에서 '저자와의 대화'는 대성황을 이루었다. 그때 함께 참가한 스태프가 후쿠오카에 살았을 때 로큰롤 바에서 일한 적이 있다고 해서 "거기 한번 가보고 싶습니다!"라고 부탁했다. 그렇게 해서 우리 일행 모두가 함께 그날 하카타의 오야후코도리親不孝通り를 걸었다.

그렇다. 나는 오래전부터 하카타 로큰롤의 팬이었고, 1980년대에는 베이스기타를 연주하는 고등학생이기도 했다. 하카타의 록 밴드 루스터스ROOSTERS, ARB, 더 모스THE MODS, 선하우스SONHOUSE 등의 음악을 들으면서 늘 "아, 하카타는 정말 멋진 곳일 거야. 가보고 싶어. 거기서 생생한 라이브 공연을 보고 싶어."라고 생각했다.

"하지만 당시 하카타에서 활동했던 밴드들은 대부분 지금 도쿄에 있습니다. 라이브 공연을 하기 위해 하카타를 찾는 경우는 있지만 평소에는 이곳에서 보기 어렵습니다."

우리를 안내하는 스태프는 이렇게 말했지만 그래도 나는

그 분위기라도 느끼고 싶었다.

'만족스럽지 않다고 해도 괜찮아.'

소년 시절부터 꿈꾸고 있던 인생 카탈로그에서 '하카타의 로큰롤'을 선택한 나는 과거에 그들이 자주 모였다는 로큰롤 바로 걸음을 옮겼다. 모퉁이를 몇 개 돌아서 도착한 그 장소에는 2층 건물이 있었다. 바 입구는 2층이었다. 계단 아래에서 올려다보니 묵직한 느낌의 검은색 문이 보였다. 내가 기쁜 마음으로 계단을 오르려 했을 때였다.

닫혀 있던 문이 기세 좋게 활짝 열리더니 시나&로케츠 Sheena & Rokkets의 아유카와 마코토鮎川誠, 더 모스의 가지우라 마사히로梶浦雅弘, 선하우스의 우라타 겐이치浦田賢一さ가 나오는 것이 아닌가?

그날 세 밴드의 스페셜 이벤트가 개최되고 있었는데, 내가 계단 아래에 도착한 바로 그 순간, 마침 휴식 시간이어서 출연자들 중 세 사람이 담배를 피우러 나온 것이었다.

"히익! 저, 저… 저기… 전설의… 우우우!"

"아, 고이케 씨, 괜찮습니까?"

갑자기 등장한 우주님도 키득키득 웃으면서 내 엉덩이를 쥘부채로 두드렸다.

"완전히 넋이 나갔는데!"

나는 넋이 빠진 표정으로 난간을 두 팔로 간신히 붙잡고 묘한 자세로 계단을 오르려 하다가 도중에 결국 그 자리에 주저앉아 버렸다.

"이해합니다. 충분히 이해합니다, 그 마음."

옆에서 내 모습을 지켜보고 있던 팬들 중 한 명이 내게 손을 내밀어 계단 위까지 데려다주었다.

"아, 마치 천국으로 초대를 받는 듯한… 이건 천국으로 가는 계단 같습니다."

"정신 차려!"

뒤에서 쥘부채로 엉덩이를 때리는 우주님, 다리에 힘이 완전히 풀려버린 내 손을 잡고 부드럽게 이끌어주는 로큰롤 팬, 눈앞에는 록 밴드 멤버들…. 뭐가 뭔지 제대로 구분도 못 하는 상태로 도착한 계단 위에서 나는 감동에 휩싸인 표정으로 록 밴드 멤버 세 명과 사진을 찍을 수 있었다.

"아, 고교 시절의 꿈이 이 타이밍에서, 이런 형태로 이루어지다니…. 더구나 내 책과 관련이 있는 사람이 우연히 하카타에 살았던 경험이 있었다니…."

"응? 이 상황에서도 그런 헛소리를 하냐? 너 바보냐?"

우주님이 말했다.

"이게 우연일 리가 없잖아! 이것이야말로 인생 업그레이드야! 이

건 모두 나와 우주 중매 네트워크 덕분이란 걸 기억해!"

"아, 감, 감사합니다! 아, 기적에는 익숙하지만 그래도 이건, 이건…."

사실, 이후에 하카타에 살았던 그 스태프가 "정말 좋아하시는군요."라면서 내가 정말 좋아하는 루스터스 밴드의 오에 신야大江慎也의 라이브에도 데려가주었다. 나는 대기실에서 오에 씨와 악수도 할 수 있었다.

나의 인생 여행은 계속 업그레이드되어 갔다. 동시에 빚더미에 앉아 있던 고통스러운 과거도 모두 사랑스럽고 소중한 경험으로 여겨졌다. 과거 그 자체가 고통에서 기쁨으로 바뀌는 듯했다.

"우주님, 제가 만약 빚더미에 앉지 않았다면 이렇게 재미있는 인생을 살 수는 없었겠죠? 또 사랑하는 아내와 딸들도 만날 수 없었을 것이라 생각하면 빚을 졌을 때 그렇게 독촉을 해대던 악덕 사채업자와 장사가 되지 않아 고민했던 그 힘든 상황에도 감사하고 싶어집니다. 지금 그 상황으로 돌아간다면 그들을 힘껏 끌어안아 주고 싶습니다!"

"뭐야, 갑자기 진지해지고 그래. 이건 자신의 인생으로 돌아온 사람에게만 발생하는 떡밥 회수 같은 거야."

소설이나 드라마에서는 시간여행을 해서 역사를 바꾸어 버린 탓에 자신이 사라질 위기에 놓여 발버둥 치는 스토리가 소개되기도 한다. 그것은 우주의 구조를 잘 표현한 것이기도 하다. 하지만 역사를 바꾸어도 그 사람이 사라지는 것은 아니다. 다른 층으로 이동하여 변화된 역사 속에서 살아갈 뿐이다. 평행우주와 같은 개념이다.

한 사람의 인생도 마찬가지다. 본인의 인생 여정으로 되돌아온 사람은 새로운 층에서 살게 된다. 그렇게 되면 그때까지 왠지 만족스럽지 않았던 여행에서 갑자기 업그레이드되는 것이기 때문에 당연히 우주에서 조정을 하게 된다.

가장 이해하기 쉬운 것은 현실이 바뀐다는 것이다.

거기다 과거까지 바뀌는 놀라운 일이 벌어진다.

우주님 시리즈 첫 권에서 내가 히로시에게 가르쳐주었듯 시간축이라는 것은 과거로부터 미래를 향하여 흘러가는 것이 아니다. 인간은 시간이라는 강의 한가운데에 놓여 있으며 강 상류를 향하여 서 있다. 그렇다. 시간은 미래로부터 과거를 향하여 흐르고 있기 때문에 현재가 바뀌면 당연히 과거가 바뀐다.

어떤 식으로 바뀌는가 하는 문제는 사람 각자에 따라 다르지만 히로시의 경우에는 빚을 많이 진 것이 오히려 도움이 되어 책을 출간하는 상황으로까지 이어진다.

인생이 자신이 바라는 방향으로 바뀌기 시작하면 우주가 지나치게 하향 조정되어 있던 과거를 잘 활용하여 떡밥을 회수하기 시작한다. 그런 현상이 시작된다면 인생의 층이 바뀌었다는 증거다. "아, 그때 나에게 일어난 일들은 이런 결과를 낳기 위한 것이었어."라고 생각되는 사건들이 자주 발생하게 된다.

대다수의 성공한 사람들이 비슷한 말을 한다.

"과거의 고통스러운 경험과 실패가 있었기 때문에 현재가 있다고 생각합니다."

이런 느낌이 드는 이유는 우주가 당시에는 바람직하지 않은 사건이었던 모든 사건들을 적절하게 활용하여 현재의 행복 수준이 보다 높아지도록 수정하고 있기 때문이다. 그것은 고통스러웠던 과거가 최고로 소중한 추억으로 바뀌는 순간이기도 하다.

지금까지의 경험이 없었다면 현재의 행복은 없었을 것이라고 확실하게 자각하는 것은 자신의 인생, 우주를 모두 긍정하는 것이기도 하다.

우주는 이것을 기뻐하고 당신의 인생 여정을 더 높게 업그레이드해 준다.

단, 이런 현상은 자신의 인생 여정을 원래의 층으로 되돌린 사람들에게만 나타난다. 아무리 고통스럽고 자기답지 못한 인생을 살고 있다고 해도 절대로 포기하지 않는 사람들만이 소중한 체험을 할 수 있다.

절대로 포기해서는 안 된다.

그날은 반드시 찾아오니까.

인생을 살다 보면 일이 뜻대로 풀리지 않을 때가 반드시 있다. 나도 지금 이 시점에서 볼 때 모든 것이 뜻대로 풀려나가는 것은 아니다. 하지만 그것이 체험이고 인생의 목적이다! 우리는 그런 체험을 하기 위해 지구로 온 것이다!

기분이 가라앉을 때에는 현 상태에 100점 만점을 주자. 뜻대로 풀려나가지 않는 상황, 실패, 기분 나쁜 일, 험담, 싸움 등 여러 가지 사건들이 있겠지만 그런 경우에도 "그래. 이건 100점이야."라고 말할 수 있는 용기를 가지도록 하자.

어쨌든 여기까지 와주었으니까 100점인 것이다. 눈앞에 발생하는 사건들을 모두 제쳐두고 여기까지 왔다는 것만으로 100점을 준다.

"지금까지 최선을 다해 노력했어. 완벽해!"

"충분히 노력했기 때문에 여기까지 올 수 있었던 거야. 대단해!"

많이 컸네!

"완벽해! 이대로 충분해!"

실황 중계를 하듯 힘찬 목소리로 이렇게 말해보자.

우울한 일이 있더라도 지금까지 도전해 왔으니까, 실행해 왔으니까 그것으로 충분하다. 지금 여기에 도착했다는 것만으로도 충분히 남는 장사다.

우울한 기분이 느껴질 때에도 오케이를 외치자. 그리고 지금 고민하고 있는 문제는 일단 방치, 아니 우주에 맡겨보자. 그렇게 하면 일단 고민으로부터 해방되는데, 사람 마음이라는 게 희한해서 자기 치유력을 발휘하여 온전하게 되돌아와 준다. 그리고 이런 우울한 경험이나 할 수 없었던 일들이 전부 나중에 떡밥 회수의 재료가 된다는 점을 잊지 말자.

15

끈질기게 파고들면
이루지 못할 게 없다

이상적인 미래와
연결된다

우주님의 힌트를
믿고 파고든다

큰딸이 초등학교 1학년이 되었을 무렵, 나와 아내는 이런 대화를 나누었다.

"역시 아이들이 공부를 하려면 책상도 놓아야 하니까 방세 개 있는 맨션이 좋을 것 같아."

빚을 갚던 당시에는 네 명이서 방 두 개의 좁고 낡은 아파트에서 생활했던 우리였다. 하지만 방 세 개짜리 맨션은 상대적으로 비쌌고 대출 심사도 상당히 엄격했다.

블랙리스트인 내가 과연 대출 심사를 통과할 수 있을까? 이런 불안으로 그때까지 맨션 탐색을 미루고 있었는데, 역시 우주님이 나타나 이렇게 말했다.

"이봐, 히로시! 빨리 맨션 보러 가자!"

"네? 지금이요?"

"그래, 지금. 바로 지금. 방 세 개 있는 맨션에서 살고 싶다면서?"

"네, 하지만 굳이 지금이 아니어도…."

"알았으니까 가라고 하면 빨리 가는 거야. 지금 살고 있는 집은 너무 좁아서 내가 와서 좀 편히 쉬고 싶어도 쉴 곳이 없어."

"그, 그게 무슨…! 어차피 아무도 못 보는데 그게 무슨 상관입니까?"

"빨리 가라면 가라고!"

우주님에게 떠밀려 집에서 나온 나는 근처 부동산 중개소를 찾아갔다가 상당히 좋아 보이는 맨션을 발견했다.

'이렇게 좋은 물건이 있다고?'

그런 느낌이 드는 물건이어서 나는 즉시 부동산 중개사에게 계약을 하겠다고 말했지만 마침 그날은 토요일이었고, 관리 회사가 쉬는 날이었기 때문에 월요일까지 기다리게 되었다.

"금요일까지는 아직 계약이 되지 않았으니까 걱정하지

않으셔도 됩니다."

부동산 중개사의 말에 기대를 하고 있었는데 월요일이
되자 맥이 빠져버렸다.

"금요일 밤에 계약을 해버린 모양입니다."

부동산 중개사에게서 이런 연락이 온 것이다. 그와 같은
상황이 세 번 정도 반복되는 과정에서 나는 조금씩 깨닫기
시작했다.

'오디세이를 구입하려 했을 때와 상황이 비슷하네.'

그렇다. 첫 번째 책에도 썼지만 나는 왠지 모르게 구입하
기 어렵거나 물건을 고르기 힘든 상황이 벌어지면 어떻게
든 목적을 이뤄야겠다는 오기가 발동하는 타입이다. 그래
서 더욱 '반드시 좋은 집을 찾고 말 거야.'라고 생각하기 시
작했다. 그러다 네 번째로 멋진 집을 발견해서 아내와 함께
부동산 중개사를 만나러 그곳으로 향했는데, 평소에는 아
무렇지 않았던 아내가 갑자기 멀미를 해서 잠시 쉬어가기
로 했다.

얼마 후, 다시 출발하자 익숙한 길이 왠지 처음 가는 길
처럼 어색하게 느껴져 이리저리 헤매다 보니 예상했던 시
간보다 훨씬 늦어졌다. 그때 아내가 이렇게 말했다.

"여보, 왠지 이 맨션은 우리한테 맞지 않는 것 같아요."

"나는 반대로 우리에게 잘 맞는 것 같은데! 우주님이 '정말 살고 싶으면 무슨 일이 있더라도 한번 와봐!'라는 마음으로 이런저런 장애를 설정해 둔 것 같지 않아?"

그렇게 말하고 자동차 뒷좌석 위에 떠 있는 우주님을 바라보자 우주님은 창밖을 바라보는 척 얼굴을 돌리고 콧노래를 흥얼거렸다.

'으음, 반드시 찾아갈 거야! 우주님의 장난에 밀릴 수는 없어.'

부동산 중개소에 늦게 도착할 것 같다고 연락을 하고 간신히 맨션 앞에 도착한 아내와 나. 서둘러 자동차에서 내렸는데 맨션 앞에 아무도 없었다.

"응? 그냥 갔나?"

서둘러 부동산 중개소에 전화를 넣자 전화를 받은 사람이 이렇게 말했다.

"늦을 것이라는 말은 전했어요. 그 앞에서 기다리겠다고 말했는데요."

"네? 하지만 아무도 없는데요."

"그래요? 그럼 담당자에게 전화를 드리라고 할게요."

그러고는 바로 담당자로부터 전화가 걸려왔다.

"지금 맨션 앞에 있는데 어느 쪽으로 가셨습니까?"

"네? 저도 맨션 앞인데요."

"네? 이상하네요…."

손에 들고 있던 주소와 지도를 확인했는데 정확했다. 그러자 담당자가 확인을 했는지 이렇게 말했다.

"아, 죄송합니다. 이런 일은 거의 없는데, 주소가 잘못 기재되어서… 그 집이 아닙니다."

"네?"

자세히 물어보니 실제로 비어 있는 집은 내 눈앞에 있는 역 근처의 맨션이 아니라 자동차로 약 15분이나 떨어진 장소에 있는 다른 맨션이었다.

결국, 그쪽 맨션은 우리가 원하는 조건과 맞지 않아 이번에도 역시 허탕을 치게 되었다.

"왜 이렇게 계속 어긋나는 거지?"

그렇게 생각했지만 오기가 생겨 나는 물러서지 않았다.

"그래. 여기까지 왔으면 수십 번 어긋나더라도 반드시 이사를 가야 해."

이렇게 각오를 정하고 마치 부동산 업자처럼 센다이에 나와 있는 모든 집들을 찾아보며 돌아다녔다.

'원하는 물건을 찾을 때까지 탐색하는 건 내 특기잖아!'

부동산 중개사도 함께 노력해 주어서 좋은 집이 나오면

즉시 연락을 해주었다.

"고이케 씨, A지역에 좋은 집이 나왔습니다."

"아, 트레비앵맨션 말이지요? 그곳은 부엌 인덕션이 2구 짜리여서 불편해 보이던데요."

"아, 벌써 찾아보셨군요."

또 다른 날.

"고이케 씨, B지역에 좋은 집이 나왔습니다."

"아, 브라보맨션 말이지요? 그곳은 전기가 30암페어밖에 안 되어서요…"

"네? 그런 것까지 알고 계십니까? 그럼 예스맨션은 어떻습니까? 아직 정식으로 나와 있는 집은 아닙니다만…"

"아, 거긴 그저께 보고 왔지만 엘리베이터가 없더군요."

"네? 벌써 보고 오셨다고요?"

"네! 요즘에는 살고 싶은 지역을 돌아다니면서 닥치는 대로 살펴보고 있습니다."

센다이 지역의 맨션에 관해서 부동산 중개사보다 더 잘 알게 된 나는, 1년 후 운명의 맨션을 만나게 되었다.

그리고 이사 당일, 이삿짐 업체가 오기 전에 대문을 열어 두기 위해 맨션에 도착한 우리는 1층에서 엘리베이터를 기다리고 있었다.

딩동! 엘리베이터 문이 열리고 사람들이 내렸다. 우리와 마찬가지로 4인 가족이었다.

"안녕하세요! 오늘 우리가 이 집으로 이사를 해서 엘리베이터가 가끔 정지될 수 있습니다. 불편을 드릴 수도 있을 것 같네요. 죄송합니다."

그러자 그들은 얼굴 가득 미소를 띠며 말했다.

"괜찮습니다! 신경 쓰지 마시고 편하게 이용하세요!"

그 집 딸이 우리 큰딸과 비슷한 나이로 보여 몇 살인지 물어보았더니 같은 나이라고 했다.

"그럼 봄에 초등학교에 입학하겠네요. 우리 딸도 입학해요. 함께 통학하면 좋겠습니다."

"죄송합니다. 사실 우리는 다음 주에 이사를 나갑니다."

"아, 그러세요?"

"단독주택을 구입했거든요."

이 말을 하며 아이 아빠가 자랑스러운 표정을 지었다.

"그렇군요. 단독주택이라니 축하드립니다!"

이후, 엘리베이터에 탄 나는 아내에게 이렇게 말했다.

"이 맨션에서의 첫 대화가 이런 내용이었다는 건 우리가 이곳에서 나갈 때에도 우주님이 단독주택을 찾아줄 거라는 뜻이야."

"정말?"

"응, 틀림없이 인생의 카탈로그를 들고 우주님이 '히로시, 단독주택 어때?'라고 제안할 거야. 그걸 선택하면 돼!"

"그런 것 같아요. 생각해 보면 몇 번이나 어긋났지만 포기하지 않고 지난 1년 동안 당신이 틈날 때마다 찾아다니다 발견한 이 맨션에서 단독주택으로 이사를 가는 가족을 우연히 만난다는 건 기적이지요. 우리와 가족 구성원이 같고 큰딸도 같은 나이잖아요."

"응, 애당초 블랙리스트인 내가 대출 심사를 통과한 것도 기적이야."

그날 오후, 무사히 이사를 마치고 나는 신사를 찾아가 참배했다.

"우리 집은 오늘도 행복합니다. 단독주택으로 이사를 갈 때까지 최선을 다해 노력하겠습니다! 부디 잘 지켜주십시오! 늘 감사하고 또 감사합니다!"

여기까지 읽은 사람이라면 아마 깨달았을 것이다. 좋아하는 것을 조사하기 시작하면 끝장을 보는 히로시의 성격을! 하지만 이건 매우 중요하다.

주문이 현실로 이루어지기를 바란다면 거기에 초점을 맞추고 끈질기게 파고들어야 한다. 그러면 이루지 못할 것이 없다.

이제 우주로 주문을 보내는 상급자용 힌트를 알려주겠다. 소원이 이루어지는 도중의 경과를 어떻게 받아들일 것인가? 발생한 사건을 그대로 진행해야 할 '청신호'로 받아들일 것인지, 아니면 멈춰야 할 '적신호'로 받아들일 것인지 판단하기 어려워 고민하는 사람은 많이 있다.

영적인 힘을 빌려 행복해지려는 사람들 대다수가 '눈앞에서 발생하는 사건에는 의미가 있다'고 생각한다. 그리고 무슨 일이 일어날 때마다 나름대로 의미를 붙인다.

"이 무지개는 '오케이'라는 신호야."

"이렇게 길이 정체되는 이유는 오늘은 가지 않는 게 좋다는 뜻이야."

그런 다음 그것을 힌트 삼아 행동한다.

하지만 솔직하게 말해서 발생하는 사건에 그런 의미가 고스란히 담겨 있는 건 아니다. 굳이 의미를 부여하고 싶다면 자신이 생각하는 방향 쪽으로 의미를 부여하면 된다.

이번에 히로시는 아내와 의견이 반대였다. 원하는 맨션과 인연이 닿지 않아 계속 어긋나고 있을 때 아내는 그걸 '적신호'로 받아들였고, 히로시는 '청신호'로 받아들였다. 히로시는 '반드시 이상적인 물건을 찾아낼 것'이라고 결심하고 더 열심히 뛰어다녔다.

그 결과는? 그렇다. 마지막에 멋진 집을 발견하게 되었고 인생 카탈로그에서 이상적인 미래를 주문하는 데에 성공했다.

물론 히로시에게는 선택지가 있었다. 좋은 물건을 만나지 못해 헤매고 있을 때 '이건 굳이 이사를 하지 말라는 신호'라고 받아들여 맨션 탐색을 포기하고, 지금도 좁고 낡은 아파트에 살 수도 있다.

결국, 우주로부터의 힌트는 최종적으로 최고의 형태에 도착하게 되어 있다. 그러니까 정말로 그곳에 도착하고 싶다면 주문을 취소하는 행위는 금지다.

"역시 그건 의미가 있었어."

그렇게 웃으면서 말할 수 있는 사람은 끝까지 포기하지 않고 목표 지점에 도착한 사람들뿐이다.

눈앞에서 일어나는 사건에 의미를 부여하고 그것을 동기로 삼는 것은 정신세계에서 흔히 볼 수 있는 일이다. 실제로 나도 나름대로 길흉을 따져서 '핑크색 크라운 차량을 보면 좋은 일이 발생한다'라고 믿고 있다. 그렇다. 나한테도 그런 '결정'이 있는 것이다. 이 '결정'이 중요하다.

그리고 실제로 핑크색 크라운 차량을 보면 좋은 일이 발생한다. 이것은 핑크색 크라운 차량을 보면 좋은 일이 발생하도록 스스로 의식해서 행동하기 때문에 일어나는 현상이다.

'결정하고 움직인다'는 행위가 매우 중요하며 그것을 담당하는 것은 잠재의식이 아니라 현재 의식이다! 정신세계를 바탕으로 말한다면 잠재의식의 중요함이 강조되지만 '결정'은 현재 의식이 아니면 불가능하기 때문이다.

우주에 소원을 주문하고 나면 '시험'을 하는 듯한 사

건들이 몇 번이나 발생한다. 그때 "이것은 멈추라는 신호일까, 아니면 계속하라는 신호일까?" 하는 식으로 판단이 어려운 경우가 있다. 그럴 때 자신이 정말 원하는 것인가를 명확하게 하려면 현재 의식을 동원해서 생각해야 한다.

우주에 소원을 주문하면 반드시 좋은 방향으로 진행된다! 이것을 믿고 주문을 한 미래까지 자신을 이끌어가야 한다.

때로는 질타도 하면서 계속 행동을 이어갈 것인가, 말 것인가 하는 문제는 현재 의식이 얼마나 강한지에 달려 있다. "나는 바뀐다!"라고 결단을 내리고 행동하도록 만드는 것은 현재 의식의 힘이다. 그리고 현재 의식의 힘을 사용하여 잠재의식이나 무의식에 영향을 끼치기 위해 활용하는 것이 내가 거듭 강조하는 '말의 힘'이다.

16

자신의 본심을
찾아야 한다

주문의 함정에
빠지지 마라

반드시 이루고 싶은 소원이라면

그 이후 우리 부부는 '단독주택을 구입했다'는 주문을 종이에 써서 이상적인 집을 찾는 여행을 시작했다. 하지만 몇 개월이 지나도 무슨 이유에선지 원하는 집을 만날 수 없었다. 나는 우주님에게 이렇게 물어보았다.

"우주님, 주문이 이루어지지 않을 때에는 무슨 일이 일어나고 있는 건가요? 혹시 시간차인가요?"

"아니, 이건 시간차는 아니지."

"네? 아니라고요?"

"그야, 네가 가장 잘 알고 있을 텐데…. 너, 진심으로 주문을 한 게 아니지?"

"네? 무슨 말입니까. 저, 진심으로 주문했습니다! 과거형으로 주문을 했고, 종이에도 적었고, 집을 찾기 위해 정보도 모았습니다!"

"호오, 후… 오… 하… 헤?"

"뭡니까? 알아들을 수 없는 그런 이상한 소리는 내지 마십시오."

"그럼 묻겠는데, 너는 지금 주문을 이루기 위해 뭐든 할 수 있다고 진심으로 말할 수 있어?"

"당연하지요! 저는 단독주택을 얻고 싶습니다!"

"그럼 다시 물을게. 지금 텐션이 얼마나 올라가 있지?"

"네? 텐션이요?"

"실험이야, 실험! 눈을 감아봐! 지금 너는 이상적인 집을 발견해서 그 계약서를 앞에 두고 있어."

"이상적인 집, 계약서…."

"지금이 바로 그 계약서에 사인을 하려는 순간이야! 자, 어때?"

"네? 어떠냐고요? 뭐가 어떠냐는 말입니까?"

"그러니까 지금 어떤 기분이냐고?"

"그게…."

나는 계약서에 사인을 하기 바로 직전, 그 순간을 떠올렸다.

"행복하고, 인생에서도 최고의… 최고의… 아니, 가슴이 두근거리면서, 왠지 무섭습니다! 왜, 왜 이러지?"

"잘 들어! 주문이 이루어지지 않을 때에 생각해야 하는 건 진심으로 바라는 주문인가 하는 거야. 너는 지금 너무 많은 빚을 지고 있다가 겨우 거기서 빠져나왔기 때문에 스스로 단독주택은 어울리지 않는다고 생각하고 있을걸."

"그, 그럴지도 모릅니다."

"히로시, 다시 물을게. 단독주택을 소유하고 싶은 이유가 뭐지?"

"이유요? 그야 저의 소중한 아내와 딸들이 좀 더 밝은 표정으로 행복한 시간을 보내길 바라서지요."

"그 바람이 너의 그 작은 공포심에 짓눌릴까?"

"아닙니다. 절대로 그렇지는 않습니다."

"몇 년이 걸려도 반드시 이루고 싶은 소원인 건 확실해?"

"네? 몇 년이 걸려도요?"

나는 새삼 단독주택에 사는 나와 사랑하는 가족의 모습을 그려보았다. 이른 아침에 거실에서 좋아하는 TV 프로그램을 보고 있으면 딸들이 일어나서 나온다. 딸들이 내 무릎에 앉아 함께 TV를 보고 있으면 아내도 일어나 나와서 "아침 준비할게요."라고 말하며 주방 앞에 선다.

"아, 정말 행복한 광경이야!

나는 반드시 이룰 거야. 몇 년이 걸리더라도."

우주에 소원을 주문할 때 사람들이 저지르기 쉬운 실수
가 "내일 당장 빚을 모두 없애주십시오."라고 주문하는 것
이다. 이건 무리다.

지금까지 "이 많은 빚은 도저히 갚을 수 없을지도 몰라."
라는 주문만 했던 사람이 갑자기 "빚을 모두 갚았다."라는
주문을 할 경우, 한동안 발생하는 현상은 전날까지 우주로
보낸, 자신을 불행하게 만드는 그 주문이 현실로 나타난다.

새로운 소원을 주문한다고 해서 다음 날 갑자기 그 소원
이 이루어지는 것은 아니다. "이상적인 상대를 지금 당장
만났다."라고 주문을 했다고 해서 다음 날 아침에 눈을 떴
을 때 옆에 이상적인 사람이 누워 있는 것은 아니다. 만약
그렇게 된다면 그 또한 무서운 일이다.

이것이 주문이 우주에 도달한 이후에 현실화되기까지의
시간차라는 사실은 '우주님 시리즈' 첫 권에서도 가르쳐주

었다. "진심으로 주문을 했는데 좀처럼 이뤄지지 않아."라고 하면서 결국 "이뤄지지 않아."라는 주문을 보내면 소원은 당연히 이루어지지 않는다.

이 밖에도 주문이 이루어지지 않을 때에 생각해야 할 것이 또 있다. 그것은 자신의 내부에 있는 **진정한 자신이 원하는 진짜 주문**인가 하는 것이다. 우주에 소원을 주문하고 행동하고 있는데 현실이 바뀌지 않는다는 느낌이 들 때에는 두 가지를 생각하면 된다. 시간차 주문인가, 아니면 진심으로 주문을 했는가 하는 것이다.

이 구분은 쉽게 할 수 있다. 시간차라면 마음속에서는 '소원이 이루어진 미래'가 앞쪽에서 다가오고 있다는 사실을 알고 있기 때문에 왠지 모르게 가슴이 설레고 행동이 즐겁게 느껴지며 무슨 일이 있어도 포기하지 않겠다는 생각이 따라온다.

따라서 "몇 년이 걸리더라도 반드시 이루고 싶은 주문인가?" 하고 스스로에게 물어보면 된다. '몇 년이 걸리더라도 포기하지 않을 것이다.'라는 생각이 든다면 그것은 '시간차'라고 생각하고 '이뤄지지 않을지도 모른다'는 두려움을 극복해야 한다.

반대로 주문을 내고 실행하고 있는데도 불안감이 느껴지거나 기분 나쁜 느낌이 든다면 그것은 마음속에서 진심으로 그 소원이 이뤄지기를 바라는 것이 아니라는 뜻이다.

그것을 깨달으려면 앞에서 내가 히로시에게 한 것처럼 소원이 이루어진 상태를 현실적으로 머릿속에 그려보면 된다. 그리고 그 상태에 진심으로 기쁨을 느끼는지, 자신의 내부에 존재하는 진정한 자신에게 확인해 보면 된다. 진심으로 보낸 주문이라면 반드시 이루어지게 마련이다.

직감적으로 뭔가 잘 진행되고 있는 편안하고 따뜻한 느

낌이 들면서 자기도 모르게 미소가 지어진다면 그것은 시
간차다. 따라서 이러쿵저러쿵 말하지 말고 모든 수단과 방
법을 동원해서 계속 도전하면 된다. 무슨 일이 있어도 포기
하면 안 된다. 혹시 시간차가 계속 이어지는 듯한 느낌이
드는가? 그것은 방식을 바꾸라는 우주로부터의 힌트다.

"주문을 했는데 이루어지지 않아요."

"이 주문 방식이 맞는 건가요?"

"올바른 주문 방법을 가르쳐주세요."

이런 질문을 자주 받는다. 흔히 있는 일이다.

그럴 때 나는 이렇게 말한다.

"정답은 사람의 수만큼 많이 있습니다."

중요한 것은 자신에게 맞는 정답이 무엇인지 찾는 것이다. 타인의 정답을 자신의 정답이라고 생각하지 말아야 한다. 그리고 애당초 정답이 무엇인지보다 현실 쪽이 더 중요하다! 현실이 즐겁고 행복하고 재미있고 "아, 지구는 정말 좋은 곳이야.", "인생은 좋은 거야."라고 여겨진다면 지금까지의 언행이나 선택이 자신에게는 정답이었다는 것이다!

바꿔 말하면 **정답이었기 때문에 지금 행복하고 즐거운 것이다.** 그러니까 매일의 현실이 자신에게 있어서 "이건 아냐.", "즐겁지 않아."라고 여겨진다면 지금까지

많이 컸네!

사용해 온 말, 주문, 행동이 정답이 아닐 수 있다.

우주의 법칙이나 심리학을 사용하는 목적은 현실을 즐겁고 행복하게 살기 위해서다. 우주의 법칙이나 심리학은 도구에 지나지 않는다. 그렇기 때문에 올바른 사용 방법이나 정답을 중요시한다면 본말전도다. 정답 찾기가 현실보다 위에 놓이는 것은 아무런 의미가 없다.

정답 찾기에만 몰두하는 사람은 다른 사람의 인생을 기준으로 생각하는 경우가 많다. 대체 누구의 정답을 찾는 것일까? 자신보다 다른 사람의 기대에 부응하려는 것은 아닐까? 그 점을 생각해야 한다. 생각하면 깨닫게 되고, 깨달으면 바뀐다!

17

에너지가 세 배로
커지는 법칙

작은 목표부터
꾸준히 실행하라

자신에게 맞는
정답 찾기

어느 날, 회사로 가는 도중에 사고 때문에 길이 막혀 우회했더니 거기도 공사 중이어서 빙글빙글 길을 돌아가게 되었다. 우회하는 동안에 눈에 들어온 단독주택!

"앗! 이거, 이거야! 나의 이상적인 단독주택!"

마침내 이상적인 집을 발견한 나는 몇 주일 동안 거의 매일 출근길에 길을 우회하여 가면서 그 집을 살펴보곤 했다. 이상한 사람이라는 말을 들어도 할 말이 없을 정도로 나는 그 집에 집착했다. 마침 매물로 나온 집이었다.

"역시 좋아. 하지만 예산이 약간 부족한데…."

그렇게 생각하고 차에 시동을 걸고 떠나려던 순간, 그 집

현관에서 책가방을 메고 "와아!" 하고 소리를 지르며 나오는 우리 딸들의 모습이 보였다. 순간적으로 "응?" 하고 놀랄 정도로 그것은 너무나 현실적이었다.

내 둘째 딸은 그때 아직 유치원에 다니고 있었는데, 두 아이의 모습을 현실처럼 거기서 생생하게 보고 나도 모르게 이렇게 말했다.

"아, 강한 느낌이 있어. 그래, 여기야! 틀림없어!"

그렇게 확신한 나는 그 집에 관하여 토지 가격, 개발 예정, 주변 환경 등 다양한 관점에서 조사를 마쳤고, 나중에 팔 때에도 자산 가치가 높을 것이라는 판단을 내렸다. 하지만 수억 원이나 되는 집을 구입할 생각을 하니 과거에 빚을 지고 있던 시절이 떠올라 좀처럼 결단을 내리기 어려웠다. 그래서 우주님에게 상담해 보았다.

"그야, 집값이 수억 원이라면 지나치게 월반을 하는 것이니까."

"월반이요?"

"그래. 그런 차원에서 한 사람이 사용할 수 있는 돈의 허용량이 어떻게 증가하는지 가르쳐주지."

작은 성공들이 중요한 이유

"장기간의 목표를 설정한 뒤에는 거기까지 도착하기 위해 단기간의 목표를 설정하라."는 말이 있는데, 이 말이 맞다. 왜냐하면 이 우주에 존재하는 모든 것은 에너지이며, 그 에너지를 받는 그릇은 최대 세 배씩 커질 수 있기 때문이다.

에너지 그릇이 '세 배' 커진다는 데에는 이유가 있다. 현재 자신의 입장에서 볼 때는 돈이든 뭐든 세 배에 해당하는 지점까지가 그 사람이 현실적으로 상상할 수 있는 최대치이기 때문이다. 여기서 중요한 우주의 법칙이 나온다. 현실적으로 상상할 수 있는 것이 실현된다는 것이다.

지금 연봉이 2천만 원인데, '연봉 10억 원'을 받고 싶어 한다고 해서 연봉 10억 원의 이미지를 그리기는 어렵다.

하지만 우선 지금 연봉의 세 배인 6천만 원을 연봉으로 받는 상황은 상상하기 쉽다.

자신의 현재 생활의 세 배부터 생각하도록 하자! 작은 성공들을 축적하는 것이다. 그러다 보면 연봉 10억 원의 미래도 곧 실현될 수 있다.

사람들은 현실적으로 자신이 이미지를 그릴 수 있는 범위 안에서만 소원을 우주로 명확하게 주문할 수 있다! 이것은 들어오는 돈에만 한정된 이야기가 아니다. 지출도 마찬가지다. 지금까지 자신이 지출한 최대의 쇼핑, 최대 비용의 세 배 정도 되는 지출이라면 나처럼 빚의 수렁에는 빠지지 않을 것이다.

그 반대로, 자신이 본 적도, 취급해 본 적도 없는 돈과는 적절하게 커뮤니케이션을 이루기 어렵다. 나의 빚 2억 원도 그러했다. 지금이라면 만약 빚이 2억 원이라고 해도(절대로 또 그렇게 될 리는 없지만!) 그것을 갚는 방법은 과거보다 훨씬 더 명확하게 알 수 있다. 그이유는 그 금액을 다루어본 적이 있기 때문이다. 따라서 수입의 그릇을 넓히든 지출의 그릇을 넓히든 자신이 다루어본 적이 있는 금액의 세 배 정도로 금액을 늘려가는 것이 이상적이다!

예를 들어 검도를 배우기 시작해서 도장에 들어간

많이 컸네!

직후에는 자기보다 강한 사람들뿐이어서 1단과 8단의 차이를 알 수 없다. 하지만 자신이 훈련을 쌓아 조금씩 강해짐에 따라서 상대방이 얼마나 강한지 알게 된다.

지금보다 훨씬 위쪽에 있는 곳을 지향할 때에는 우선 커다란 목표를 설정하고 거기에서 일단 자신의 세 배 정도 되는 위치를 목표로 삼자. 그렇게 하다 보면 어느 순간 연봉 10억 원에 도달하게 된다!

18

힌트를 허상으로
착각하지 말 것

예정된 미래는
확실한 느낌으로
다가온다

꿈에 그리던 집을 사기까지

우주님의 강의를 들으면서 나는 이렇게 물었다.

"우주님, 그렇다면 저는 지금 취급하는 돈의 세 배 이상의 쇼핑을 하려는 것일까요?"

"그렇지. 그러니까 두려운 게 당연한 거야."

"…그렇군요."

"그렇지. 잘 생각해 보라고. 롤렉스시계부터 시작해서 벤츠, 세 배는 약간 넘지만 단독주택까지, 어쨌든 네 눈으로도 미래의 광경을 확실하게 보았잖아?"

"네, 보았습니다. 정말로 그 집 앞에 우리 딸들이 있는 듯해서 놀랐습니다. 데자뷔 비슷한데, 그보다 더 현실적인 느낌이랄까요?"

"그래. 그건 허상이 아냐. 네가 본래 손에 넣으려고 생각했던 예정된 미래라고. 몇 번이나 말하지만 인간은 이 지구에 태어나기 전에 자신이 계획한 여행을 한 차례 전부 확인한 뒤에 모두 잊어버리고 태어나는 거야. 그러니까 데자뷔나 기시감이 드는 건 그것이 예정했던 이상적인 인생이라는 신호라고."

"아, 알겠습니다! 저, 당장 계약하겠습니다!"

나는 그즈음 이런 주문을 하고 있었다.

"나는 3년 안에 단독주택을 구입하겠습니다."

이것은 나 자신에 대한 각오이기도 하면서 사실은 그렇게 해야 할 이유도 있었다.

"그렇지. 너, 블랙리스트에 올라 있지?"

"그, 그렇습니다…."

"그럼 또 그거 해볼까?"

"그, 그거라면 혹시?"

"그래. '사랑의 빔'을 쏘는 거야."

나는 우주님과 함께 평소에 자주 사용하는 지역 신용금고로 향했다. 그리고 설레는 마음으로 '사랑의 빔'을 쏠 준비를 하고 융자 창구 앞에서 순서를 기다리고 있는데, 그곳에 지점장이 나타나 말을 걸었다.

"아, 고이케 씨, 안녕하세요! 오늘은 무슨 일이십니까? 혹시 괜찮으시면 제가 상담해 드릴까요?"

사랑의 빔을 쏠 틈도 없이 나는 지점장실로 안내를 받았고, 나도 모르게 이렇게 말했다.

"아, 사실은 집을 구입하려고 하는데 제가 그, 블랙리스트에 올라 있지 않습니까? 역시 수억이나 되는 주택융자는 힘들겠지요? 하하하!"

초조한 모습으로 기다리는 내게 뒤쪽에서 우주님이 쥘부채를 움켜쥐고 다가왔다.

"아, 잠깐, 잠깐만요…."

"아, 그렇군요. 그럼 즉시 심사를 해볼 테니까 서류를 준비해 주겠습니까?"

"네? 심사를 해보겠다고요?"

며칠 후 지점장으로부터 전화가 걸려왔다.

"고이케 씨, 심사를 통과하셨습니다."

믿을 수 없었다.

"우아! 됐어! 어떻게 된 건지는 모르지만 어쨌든 됐어!"

나는 마침내 그렇게 고대하던 내 집을 마련하게 되었다.

이사 전날 저녁, 맨션에서 보내는 마지막 밤을 나는 평생 잊지 못한다. 맨션에서 아내와 마지막 반주를 했다. 그때 아내가 이렇게 말했다.

"여보, 정말 고마워요. 열심히 노력한 당신 덕분이에요. 정말 일어나기를 바라는 일만 일어나는 것 같아요. 나는 믿고 있었어요. 고마워요. 앞으로도 우리 열심히 노력해요."

"일어나기 바라는 일만 말로 표현하라고."

우주님이 내 귀에 대고 말한 그 단순한 진리! 왠지 나는 아내를 통하여 우주로부터 축복을 받은 듯한 느낌이 들어 가슴이 뜨거워졌다. 나는 아내와, 그리고 나의 우주에 진심을 담아 이렇게 말했다.

"나야말로 정말 고마워. 앞으로도 열심히 노력할게. 우리 일어나기 바라는 일만 말로 표현하면서 지구에서 보내는 마지막 날까지 함께 즐겁게 살아보자."

우리 머리 위에서는 우주님이 만족스러운 표정으로 내려다보고 있었다.

며칠 후, 문득 생각이 나서 우주님에게 물어보았다.

"그런데 그때 왜 사랑의 빔도 쏘지 않았는데 주택융자 심사를 통과하게 되었을까요?"

'사랑의 빔'이라는 건 상대방을 "나의 우주의 사랑과 감사의 에너지로 감싸주겠다."는 선언이며 에너지 전달이다. 자기 자신을 거칠게 취급해 온 사람이라면 다른 사람에게 사랑의 에너지나 감사의 에너지를 전달하기 어렵다.

이 사실을 의식하고 상대방에게 "사랑의 빔!"을 쏘아보자. 서서히 사랑과 감사의 에너지가 자신의 내부에 차오르는 것을 깨닫게 되면 상대방에게 그 에너지를 전달할 수 있다.

그것을 자연스럽게 할 수 있게 되면 자신의 우주에 존재하는 모든 사람들에게 감사와 사랑을 주고 자신이 바라는 현실을 만들어낼 수 있다. 일부러 사랑의 빔을 쏘는 이미지를 그리지 않아도 언제든지 사랑과 감사의 에너지로 상대방을 감쌀 수 있는 것이다. 다시 말해, 항상 사랑의 빔을 쏠수 있게 된다.

이 지구상에서는 같은 에너지를 가진 사람들끼리 모인

다. 사랑과 감사의 에너지를 쏘는 사람은 사랑과 감사의 필드에 모여 행복을 공유하면서 살아갈 수 있다.

사람들은 각자의 우주에서 살고 있다. 그러니 자기 자신의 우주에 책임을 지고 자신을 행복하게 하겠다고 결심하고 행동해야 한다. 그리고 올바른 것인지, 맞는 것인지 의심하는 것이 아니라 확실한 느낌으로 다가오는 미래를 주저없이 선택해야 한다!

마치고 나서 _____

이 책은 '우주님 시리즈' 첫 권에 이어 쓰기 시작했다. 내용적으로는 '우주님 시리즈' 첫 권에 이은 후속작이라고 볼 수 있다.

일부 독자 여러분으로부터 "고이케 씨, 그 후에 어떻게 되었습니까? 현재 상황은요? 혹시 또 빚더미에 앉아 생활하는 건 아니겠지요?"라고 질문하기도 했다. 그 덕분에 예전처럼 빚쟁이는 되지 않고 보다 즐겁고 행복한 나날을 보내고 있다는 사실을 전하기 위해 있는 그대로의 '고이케 히로시의 일상'을 다시 쓰게 되었다. 정말 감사한 일이다.

이번 책도 모든 것이 내가 실제로 우주로부터의 메시지를 받아 행동을 하고 체험한 것들이다. 빚을 갚을 때에 그 고통에 사로잡혀 깨닫지 못했던 것, 지금이기 때문에 알 수 있는 것들이나 그 해석도 이 한 권으로 새롭게 전달할 수 있으리라는 느낌이 든다.

지금까지의 나의 책을 모두 읽은 독자분들 중에 "응? 무슨 말이야?"라고 묻는 사람이 있을지도 모르겠다. 왜냐하면 세 번째 책인 《2억 빚을 진 내가 뒤늦게 알게 된 소~오름 돋는 우주의 법칙》에서 '빚을 모두 변제한 이후 우주님은 내 앞에 나타나지 않았다'라고 썼으니까….

맞는 말이다. 그런데 이번 책을 쓰기 시작하면서 퍼뜩 이런 생각이 들었다. '응? 왜 또 우주님이 다시 등장하는 거지?'라고. 하지만 글을 쓰기 시작했더니 샤워 헤드에서 우주님이 다시 나타났다.

"아, 어떻게 하지…?" 하고 나는 고민을 했지만 그때 우주님과 나는 이런 대화를 나누었다.

"저, 우주님? 빚을 변제한 이후에는 제 앞에 나타나지 않았잖아요."

"응? 무슨 말이야! 그건 그거고 이건 이거지."

"네? 무슨 말씀입니까? 그렇게 되면 마치 평행우주처럼 끝없이 속편이 등장하는 '터미네이터' 이야기랑 똑같지 않습니까?"

"오, 그거야! 그걸로 가자. 실제로 우주에서는 같은 시간에 다른 장소에서 다양한 현실이 발생하니까."

"그건 또 무슨 말입니까? 그건 마치 제가 빚을 변제한 이후 지금에 이르기까지의 여정에 다른 길도 있었다는 말처럼 들리는데요."

"당연하지!"

"당연하다니…."

"이봐, 몇 번이나 말했잖아. 너의 영혼 수준에 따라서 같은 장소, 같은 시간, 경험하고 있는 현실이 전혀 다른 세계라고. 그리고 인간은 항상 그때그때의 선택으로 미래를 바꾸고 과거도 바꾸면서 살고 있는 거야. 그러니까 몇 개나 되는 미래가 탄생하고 동시에 몇 개나 되는 과거가 탄생하는 거라고."

"그럼 빚을 변제한 이후에 두루마리를 통해서 잘살기 위한 비결을 배운 히로시도 있고, 여전히 우주님의 쥘부채에 얻어맞으면서 성장해 가는 히로시도 있다는 말인가요?"

"애당초 나는 너의 머릿속에서 일어나고 있는, 우주와의 교류를 구현하는 존재니까 그런 두루마리가 됐든 내가 됐든 다 마찬가지야."

"아, 그런가요?"

"그렇지. 둘 다 마찬가지로 거대한 우주 극장이라고 생각해. 복잡하게 따지지 마."

그래서 결국 우주님(내 안에 존재하는 진정한 나)과의 교류를 통해서 이번에 새롭게 빚을 모두 갚은 이후에 나에게 발생한 기적들을 소개하게 되었다. 이번 내용도 모두 실화다! 책 전체가 생생한 기적의 퍼레이드다.

내가 가장 전하고 싶은 것은 기적은 스스로 얼마든지 만들어낼 수 있다는 것이다. 내가 할 수 있으니까 여러분은 훨씬 더 잘 만들어낼 수 있다. 그것도 말버릇을 바꾼다는, 매우 단순하고 간단한 방법으로!

누구나 그것을 해낼 수 있다는 사실을 전하고 싶어서 내게 일어난 작은 기적, 큰 기적을 모두 소환하여 설명했다.

아마 그동안 잊어버린 것들도 많이 있을 것이다. 기억을 되살리는 과정도 정말 재미있었다! 부디 이 책을 몇 번이고 숙독해서 자신과 우주의 관계뿐 아니라 우주의 구조와 법칙까지 깨닫길 바란다. 그리고 이 지구에서의 인생을 최대한으로 즐기는 비결을 독자 여러분의 것으로 만들어 실천해 보길 바란다.

기적은 우주에 넘칠 정도로 많이 쌓여 있다! 여러분은 행동만 하면 된다! 우주는 기적을 내보내기 위해 모든 준비를 갖추고 기다리고 있다!

마지막으로, 독자 여러분의 행복을 우주에 주문하며 응원을 보낸다!

사랑의 빔!

센다이의 단독주택에서
고이케 히로시

2억 빚을 갚은 내게 우주님이 가르쳐준 기적을 일으키는 말버릇

초판 1쇄 인쇄 2023년 9월 3일
초판 1쇄 발행 2023년 9월 12일

지은이 | 고이케 히로시
그린이 | 아베 나오미
옮긴이 | 이정환
펴낸이 | 한순 이희섭
펴낸곳 | (주)도서출판 나무생각
편집 | 양미애 백모란
디자인 | 박민선
마케팅 | 이재석
출판등록 | 1999년 8월 19일 제1999-000112호
주소 | 서울특별시 마포구 월드컵로 70-4(서교동) 1F
전화 | 02)334-3339, 3308, 3361
팩스 | 02)334-3318
이메일 | book@namubook.co.kr
홈페이지 | www.namubook.co.kr
블로그 | blog.naver.com/tree3339

ISBN 979-11-6218-260-4 03190